인터넷
전문은행

인터넷 전문은행

신무경 **지음** 김지혜 **감수**

책들의정원

금융의 판도는
이미 인터넷 전문은행으로
기울었다

'다시 인터넷 전문은행이다.'

개정판을 준비하면서 본의 아니게 이런 말을 계속 되뇌게 됐다. 5년 전 인터넷 전문은행을 집필했을 때와 달리 인터넷 전문은행은 이른바 '빅테크'가 됐고, 핀테크는 금융 산업의 주류가 됐기 때문이다.

당시 해외 출장부터 미팅, 외신, 기사, 학술 자료, 책, 증권사 리포트 등 다양한 정보 획득 루트를 통해 만난 전 세계 핀테크 기업들은 상당수가 상장을 했거나, 상장을 예정 중임을 새삼 확인할 수 있었다. 2021년 1월 어펌, 5월 플라이와이어, 7월 와이즈 등이 대표적이다.

심지어 렌딩클럽은 올해 2월 라디우스뱅크(Radius Bank) 인수를 마무리 지었다. 지난해 지코(Jiko)라는 핀테크 스타트업이 미드센트럴 내셔널뱅크(Mid-Central National Bank)를 사들인 충격이 채 가시기 전에 벌어진 일이었다. 가깝게는 네이버 관계사 라인이 일본, 대만, 태국, 인도네시아 등 아시아 지역에서 인터넷 전문은행을 설립하고 나섰다.

무엇보다 국내 1, 2호 인터넷 전문은행인 케이뱅크, 카카오뱅크는 출범 4년이 채 안 된 시점에 순이익을 내는 안정적인 금융 회사로 성장했다. 여기서 더 나아가 국내 3호 인터넷 전문은행인 토스뱅크 출범은 10월로 다가왔다.

정점은 카카오뱅크의 상장이었다. 8월 상장한 카카오뱅크는 22일 현재 단숨에 시가총액 9위(43조2341억 원)로 자리매김했다. 현대차, POSCO, LG전자보다 높은 수준이다. 명실상부한 국내 최고 은행이 되어버렸다. 인터넷 전문은행의 흥행을 예상했으나, 이렇게 단기간에 산업을 이끄는 금융의 주류로 부상할 줄은 몰랐다.

그 배경에는 사회 전반적으로 진행되어온 '디지털 혁명'이 있다. 백화점, 대형마트 등 어느 곳에서나 스마트폰을 꺼내들어 삼성페이, LG페이를 통해 결제하는 풍경은 일상이 됐다. 전통시장에 장을 보러 온 5060대 여성들이 현금 대신 QR코드를 결제하는 모습은 흔한 풍경이 됐다. 동네 블록 블록마다 무인 편의점이 즐비하다. 매장 곳곳에는 키오스크가 비치되어 있다. 조만간 시내버스에는 현금 요금

함이 없어진다고 한다.

그리고 그 디지털 혁명을 앞당긴 건 신종 코로나바이러스 감염증(코로나19)이다. 코로나19 이전 상황을 거슬러 올라가면, 핀테크 산업이 커졌다고 해도 이 영역은 모바일 네이티브인 'MZ 세대'가 중심인 지점이었다. 적어도 금융 산업에 있어서는 기성세대의 대면에서 비대면으로의 습관은 좀처럼 고쳐지지 않았던 것이다.

하지만 팬데믹으로 세상이 크게 바뀌었다. 누구도 대면할 수 없는 세상, 누구도 대면하고 싶지 않은 세상으로 변화하면서 비대면은 '뉴노멀'이 됐다. 그것은 오프라인 세계에서 온라인 세계로의 전환을 의미했다. MZ든 기성 세대든 너나 할 것 없이 모두가 다 온라인 세상에 뛰어들게 만든 것. 유례없는 상황 속에서 IT 기업들은 재조명을 받았다. 그중에서도 주판으로 장부를 적었던 전통을 가진 시중은행이 아니라 키보드 자판으로 금융 장부 코드를 짰던 핀테크 업체들이 급속도로 성장해왔다.

무엇보다 인터넷 전문은행이 주목받는 본질적인 이유는, 스스로가 제공해온 고객 편의성 증진 아닐까 싶다. 사실 코로나19는 성장을 앞당겼을 뿐이다. 공인인증서 없는 간편한 송금과 결제부터 수분이면 이루어지는 예·적금 계좌 개설, 수십 초 만에 진행되는 대출까지… 이용자들은 그동안 경험하지 못했던 편리를 경험했다. 진짜 금융 서비스를 맛본 이용자들은 이렇게 되뇌었을지도 모른다.

"지금까지 이런 맛은 없었다"고.

앞으로도 인터넷 전문은행에 대한 관심은 계속될 것 같다. 아니 더 심화될지도 모른다. 아직까지 보여주지 못한 부분들이 많기 때문이다. 데이터를 기반으로 한 맞춤형 대출 상품부터 블록체인을 기반으로 한 제반 수수료 절감, 그리고 여태까지 상상하지 못했던 또 다른 금융의 맛까지. 인터넷 전문은행들이 그릴 금융 산업의 지도가 벌써부터 기대된다.

끝으로 무엇보다 꼼꼼하게 이 책의 감수를 봐준 김지혜 전자신문 기자님께 깊은 감사의 말을 남기고 싶다.

2021년 9월 신무경

차례

INTERNET
ONLY
BANK

INTERNET
ONLY
BANK

1장

핀테크 시대의 개막

인터넷 전문은행의 서막

카카오로 촉발된 인터넷 전문은행 시대

2014년 5월. 카카오가 15개 시중은행 및 그들의 금융공동망을 관리·운영하는 금융결제원과 손을 잡고 '뱅크월렛카카오' 앱을 출시한다는 소식이 전해지자 금융권 전체가 술렁이기 시작했다. 카카오의 카카오톡을 통해 시중은행들이 인터넷(PC)·모바일뱅킹으로 제공하고 있는 송금서비스를 제공하겠다는 내용이 골자였다. 필자가 쓴 "카톡으로 하루 10만 원까지 송금할 수 있다" 기사는 정보기술(IT) 회사의 금융업 진출, 그 서막이 열렸음을 알리는 내용이었다.

"카톡으로 하루 10만 원까지 송금할 수 있다"

다음달부터 '카카오톡'으로 하루 최대 10만 원까지 송금할 수 있게 된다. 스마트폰을 매개로 한 모바일뱅킹을 통해 금융거래 도구의 파괴와 지급결제의 혁명이 다시 한 번 일어나는 셈이다. … (후략) …

《서울경제》, 2014년 5월 16일자 1면

미국과 중국을 비롯한 주요 국가들에서 IT로 분류되는 전자상거래업체들이 금융업에 앞다투어 도전장을 내밀고 있었던 터라 한국에서 카카오가 던진 출사표는 뜨거운 관심을 받았다. 카카오는 민첩했다. 비단 은행만을 금융업 진출의 매개로 삼지 않았다. 동시에 카드업계에도 구애의 손짓을 했다. 2014년 11월 뱅크월렛카카오 출시에 앞서 9월 간편결제 서비스 '카카오페이'를 출시하기로 한다. 우리가 지금 흔하게 쓰는, 카카오톡 친구 목록에 있는 이들에게 비밀번호 6자리 입력만으로 간편하게 돈을 보낼 수 있는 그 서비스 말이다. 당시에는 CJ몰, 영풍문고 등 온라인 쇼핑몰에서부터 공인인증서 인증 없이 비밀번호 입력만으로 간편하게 결제가 이루어지게 한다고 밝혔는데 '송금에 공인인증서가 없어진다'는 소식은 그 자체만으로 혁신적이었다.

"'카카오'로 상품 결제한다"

앞으로는 온라인에서 상품을 구매할 때 계좌이체, 신용카드 결제, 휴대폰 소액결제 등의 결제 방식 외에 '카카오간편결제(가칭)'라는 새로운 결제수단을 이용할 수 있게 된다.

소셜네트워크서비스(SNS) 업체인 카카오가 지급결제 업체인 카드회사(현대 · KB국민카드 등 국내 9개 카드사) 및 SI업체(LG CNS)와 손잡고 신종 결제수단을 이르면 오는 9월께 선보일 예정이기 때문이다. 하반기 출시 예정인 '뱅크월렛카카오'로 '은행 없는 은행'에 대한 기대감이 커지고 있는 가운데 이번에는 카카오가 사실상의 신용카드 결제 기능을 … (후략)

"'카키오'로 상품 결제한다",《서울경제》, 2014년 7월 30일자 1면.

카카오에서 메시지 전송 서비스뿐만 아니라 은행 송금과 카드 결제까지 포함한 금융서비스를 제공한다는 사실이 밝혀지자 금융권 종사자, 언론, 그리고 금융소비자들은 그제야 비로소 '점포 없는 은행이 온다'는 사실에 주목하기 시작했다.

【표】카카오 금융서비스 출시 전후, 국내 핀테크 산업의 변화

분류	출시 전	출시	출시 후
결제	옐로페이 비씨카드 페이올	카카오페이	네이버페이, 삼성페이 신한 패스워드 간편결제, 롯데카드 원클릭 간편결제, 삼성카드·현대카드 로그인 간편결제, SK 시럽페이, 페이나우, 케이페이, 페이핀…
송금	뱅크월렛	뱅크월렛카카오	비바리퍼블리카 토스
기타	-	-	KB국민은행스마트 OTP 서비스, 신한은행 SK플래닛과 쇼핑·금융 상품, 비씨카드 핀테크 보안 솔루션 토큰(Token), 국민카드, 마스터카드와 글로벌 핀테크 결제업무…

인터넷·모바일 기반으로 예·적금 가입부터 송금, 대출 상담, 프라이빗뱅킹(PB) 업무 등을 두루 취급하는 '인터넷 전문은행' 출시 논의는 이때부터 활발하게 이루어지기 시작했다.

당시 핀테크와 인터넷 전문은행에 대한 관심도가 높아졌다는 사실은 언론보도 문건 수로도 가늠할 수 있다. 카카오페이 출시(2014년 11월 11일)를 기준으로 180일간 작성된 언론보도 문건 중 핀테크라는 단어가 포함된 문건은 1만 1,518건(일평균 64건), 뱅카는 2,436건이었다. 금산분리, 인터넷 전문은행 설립 검토 가능성에 대한 언급이 있던 국회 대정부 질의(2014년 11월 4일)를 기준일로 하면 핀테크를 언급한 문건은 1만 9,263건(일평균 107건), 인터넷 전문은행은 뱅카의 3.5배인 8,389건이었다고 한다.

2021년 9월 현재 금융권에서 핀테크, 나아가 인터넷 전문은행을 논하지 않는 기업은 없다. 금융지주회사라면 핀테크 기술을 보유한 업체들의 기술력을 평가하고 투자하는 핀테크 센터를 하나쯤은 갖고 있다. KB이노베이션허브(KB금융지주), 신한퓨처스랩(신한금융지주), 원큐 애자일랩(하나금융지주), 디노랩(우리금융지주), IBK창공(IBK기업은행) 등이 그 예다.

카드사, 증권사, 보험사 등 제2금융권도 맞춤형 자산관리서비스, 온라인보험 판매 등을 언급하며 금융과 IT의 융합 행렬에 동참하고 있다. 카드사들은 유형의 실물카드 대신 앱카드, 유심카드 등 모바일카드 출시를 가속화했다. 또 온라인 쇼핑몰에서 카드번호, CVC값(카드 유효성 검사 코드)등의 입력 없이 비밀번호 입력 혹은 마우스 클릭만으로 간편하게 결제가 가능하도록 한 간편결제 서비스를 속속들이 선보였다.

IT업체도 마찬가지다. 카카오가 시작하자 네이버도 2015년 6월부터 간편결제 서비스 네이버페이를 출시하고 나섰다. 네이버페이는 출시 첫 달 거래액 1,000억 원을 넘어섰고, 같은 해 12월에는 거래액 2,000억 원을 넘어서기도 했다. 지금은 어떨까. 2021년 2분기(4~6월) 기준 거래액은 9조1,000억 원이다. 연간 40조에 달하는 어

마어마한 규모다. 불과 6년 만에 이루어진 일이다. 카카오로 촉발된

금융서비스 혁신은 전체 금융 산업의 지향점을 바꿔놓았다.

핀테크의 빠른 진화

기존의 뱅킹을 뛰어넘는 개념

그렇다면 핀테크란 무엇일까. 핀테크는 금융과 기술의 합성어다. 즉, 금융과 IT를 융합해 간편하고 편리한 금융서비스를 고객에게 제공하는 새로운 비즈니스 모델이다. 그런 의미에서 우리가 일상에서 이용하고 있는 인터넷뱅킹, 스마트뱅킹은 넓은 의미에서 핀테크라 부를 수 있다. 데스크톱, 노트북, 스마트폰이라는 첨단 제품을 통해 예·적금, 펀드, 보험 가입부터 대출, 재무·세무 상담, 프라이빗뱅킹 업무 등 다양한 금융서비스를 이용할 수 있기 때문이다.

하지만 우리가 앞으로 논의하고자 하는 핀테크는 인터넷·스마트뱅킹을 이용한다든지 은행원, 카드 플래너, 보험 설계사가 아이패

드와 같은 태블릿 브랜치(Tablet Branch)를 통해 모객하는 금융서비스를 뛰어넘는 차원으로 받아들여야 할 것이다. 정리하자면 ①금융기관이 일방적으로 제공해오던 금융서비스가 아니면서도 ②이용자들에게 한 차원 진화된 편의를 제공하고 ③소비자의 금융서비스 선택권을 넓혀주는 것. 그것이 바로 핀테크다.

이 같은 핀테크는 전통적인 의미의 금융서비스 공급 주체(은행)보다는 IT 업체나 통신업, 제조업, 유통업 등 업종에서 좀 더 빠르게 구축되고 있다. 미국 전자상거래업체 아마존이 간편결제 서비스 아마존페이를, 일본 전자상거래업체 라쿠텐이 인터넷 전문은행 라쿠텐뱅크를, 중국 전자상거래업체 알리바바가 인터넷 전문은행 마이뱅크와 간편결제 서비스 알리페이를 만든 것처럼 말이다.

【표】 핀테크 사업 영역 분류

사업 영역	내용	기업
지급결제	이용이 간편하면서 수수료가 저렴한 지급결제서비스 제공	스트라이프
금융 데이터 분석	다양한 데이터를 수집·분석해 새로운 부가가치 창출	어펌
금융 소프트웨어	진화된 스마트기술로 보다 효율적인 금융 관련 SW 제공	빌가드
개인 자산관리	실시간으로 고객자산관리 프로세스를 제공하고 수수료 수취	위어바오
플랫폼	금융기관 개입 없이 금융거래가 가능하도록 기반 제공	온덱

자료: UK Trade & Investment, 한화투자증권 리서치센터

그렇다면 핀테크는 어떻게 분류해볼 수 있을까? 전문가들은 핀테크를 크게 ▲지급결제 ▲금융 데이터 분석 ▲금융 소프트웨어 ▲개인 자산관리 ▲플랫폼 등 다섯 분야로 나눈다.

핀테크의 초창기 모델은 대체로 지급결제 서비스를 중심으로 이루어진다. 네이버의 네이버페이, 카카오의 카카오페이, 토스의 토스페이, NHN의 페이코 등이 대표적 예다. 핀테크 초창기 모델이 지급결제를 중심으로 이루어지는 것은 사용자들이 자금이체, 송금 서비스를 다른 금융서비스에 비해 더 많이 이용하기 때문이다. 국내에서 리테일 고객을 가장 많이 보유하고 있는 KB국민은행에 따르면 이체, 송금 서비스 등 스마트금융서비스를 이용하는 고객은 전체의 약 95퍼센트를 차지한다(2015년 4월 기준).

해외 사정도 국내와 비슷하다. 페이팔은 미국 지급 결제 수단의 시초로 불린다. 페이팔은 신용카드로 본인을 인증하고 이메일 계정을 만들어 결제하는 서비스를 제공한다. 미국의 지급결제수단은 결제처리가 신속하지 않고, 신용카드 관련사고가 빈번히 발생해 신속하고 안전한 간편결제 서비스에 대한 수요가 컸다. 페이팔은 편리한 결제서비스를 제공하면서 빠르게 성장했고, 2020년 기준 페이팔의 연간 결제액은 9,360억 달러(약 1,099조 원)에 달한다.

페이팔은 2013년 당시 경쟁사였던 모바일 송금 서비스 벤모(Venmo)를 인수해 미국의 대표적 간편 송금 앱으로 성장했다. 2020

년 벤모의 총결제액(TPV)은 전년동기 대비 54퍼센트 증가한 370억 달러(약 43조 원)를 기록했다. 이뿐만이 아니다. 알리페이, 아마존페이 등 해외 간편결제 서비스는 전 세계 시장을 점령해나가고 있다. 아마존페이를 통해 외부사이트에서도 아마존닷컴의 아이디로 결제가 가능하다.

지급결제 부문에서 성장한 핀테크는 금융 데이터 분석, 금융 소프트웨어 등의 영역으로 확장된다. 핀테크가 발달한 영국에서는 지급결제 부문이 핀테크 산업에서 차지하는 비중이 절반 정도이고, 그 뒤로 개인·기업 고객의 금융 정보, 시장 거래를 수집·분석해 제공하는 금융 데이터 분석 서비스와 금융기관의 위험관리, 지급결제, 회계 등과 관련된 금융 소프트웨어 서비스 부문이 각각 20퍼센트가량을 점유하고 있다.

마지막으로 플랫폼 부문은 P2P(개인 간) 대출, 트레이딩, 자산관리, 정보 제공 등을 말하는데, 시장 규모는 작지만 성장세는 가장 가파르다. 플랫폼 부문의 대표 주자는 렌딩클럽(Lending Club), 온덱(OnDeck) 등을 꼽을 수 있다. 렌딩클럽은 2007년 미국에서 사업을 시작한 이래 2020년 4월말 누적 대출규모가 500억 달러(약 58조 원)를 넘어섰다.

온덱은 소상공인과 자영업자 대상 소액대출서비스를 제공하는 미국의 핀테크 업체다. 2020년 핀테크 기업 에노바(Enova)는 온덱을 인수했는데, 당시 이 기업의 가치는 15억 달러(약 1조 7,600억 원)에 달했다.

미국의 조사업체 CB인사이트가 2021년 발표한 전 세계 유니콘 기업은 610개로, 그중 94곳이 핀테크 기업이었다. 유니콘은 기업가치가 10억 달러(국내 기준 1조 원)가 넘는 비상장 스타트업을 의미한다. 말 그대로 핀테크 춘추전국시대가 열린 것이다. 핀테크 기업에 관한 세부설명은 잠시 뒤 '핀테크 춘추전국시대' 항목에서 추가로 다루겠다.

모바일 날개를 단 핀테크

핀테크, 더 나아가 인터넷 전문은행이 주목받게 된 배경은 무엇일까? 그 주역은 바로 스마트폰이다. 전문가들은 핀테크를 '모바일 시대의 금융 비즈니스'라 정의한다. 전통적인 금융기관들은 강력한 보안 시스템을 구축한 오프라인 점포를 기반으로 고객과 상담하고, 제도권의 데이터베이스(DB)와 연계해 금융서비스를 제공해왔다. 이제 지점이 하던 역할을 모바일이라는 새로운 형태의 브랜치(Branch)가 대체하고 있다.

【표】 국내 핀테크 태동기의 글로벌 핀테크 산업 타임라인

시기	내용
2004년 1월	알리바바, 그룹 내 온라인 쇼핑 지불결제 서비스 알리페이 개시
2006년 1월	P2P대출 업체 렌딩클럽 출범
2007년 1월	소상공인 대상 대출 서비스업체 온덱 설립
2008년 6월	페이팔, 글로벌 지불결제 서비스 개시
2011년 5월	구글, 모바일 전자지갑서비스 구글월렛 서비스 론칭
2013년 8월	위어바오, 알리페이 거래 계정에 남은 여유 자금 MMF 투자
2013년 9월	이베이, 온라인 결제 업체 브레인트리 8억달러(약 9,720억 원)에 인수
2014년 9월	애플, 전자결제서비스 애플페이 공개 다음카카오(현 카카오), 간편결제서비스 카카오페이 론칭
2014년 11월	다음카카오, 송금결제 서비스 뱅크월렛카카오 서비스 개시
2015년 2월	삼성전자, 루프페이 인수
2015년 6월	네이버, 간편결제 서비스 네이버페이 출시
2015년 7월	NHN엔터테인먼트, 간편결제 서비스 페이코 출시
2015년 9월	삼성전자, 삼성페이 출시
2015년 12월	KG이니시스 케이페이 출시

자료: 한화투자증권 리서치센터, 언론 취합

국내 이동통신 가입자 수는 2015년 말 5,893만 명, 2018년 말 6,635만 명, 2020년 8월 7,000만 명을 넘어섰다. 2020년 9월 기준 한국 인구는 5,184만 명이다. 이동통신 가입자가 전체 인구보다 35 퍼센트 많다는 얘기다. 우리나라 성인의 스마트폰 사용률도 2012년 1월 53퍼센트에서 그해 6월 60퍼센트, 2013년 2월 70퍼센트, 2014년 7월 80퍼센트, 2016년 하반기 90퍼센트를 돌파했고, 2017년부터 2020년까지는 93퍼센트를 유지하고 있다.

【표】스마트폰 가입자 수

연도	2016년	2017년	2018년	2019년	2020년
이동통신 가입자 수	6129	6365	6635	6889	7051

자료: 과학기술정보통신부

스마트폰 가입자 수 증가에 따라 국내 간편결제 시장도 급성장하고 있다.

간편결제란 신용카드 등 결제정보를 앱이나 웹에 미리 등록하고 간편한 인증(생체인증, 간편 비밀번호 등)만으로 결제하는 방식이다. 한국은행에 따르면 결제액 기준 국내 간편결제시장 규모는 ▲2016년 11조 7,810억 원 ▲2017년 39조 9,906억 원 ▲2018년 80조 1,453억 원 ▲2019년 약 120조 원까지 급증했다. 3년 만에 10배 이상 급성장했다.

[표] 국내 간편결제 시장 규모

연도	2016	2017	2018	2019
결제 규모	11조 7,810억 원	39조 9,906억 원	80조 1,453억 원	120조 원

자료: 한국은행

모바일이라는 날개를 달자 결제 시장이 커지면서 자연스럽게 핀테크가 자생하는 분위기가 만들어지고 있다. 2014년 9월 카카오에서 간편결제 서비스인 카카오페이를 론칭하고 같은 해 11월 송금 및 결제 서비스인 뱅크월렛카카오까지 잇따라 내놓은 것은 스마트폰 보급과 무관하지 않다. 삼성전자가 2015년 2월 루프페이를 인수한 뒤 같은 해 8월 삼성페이를 내놓은 것도 마찬가지다. 삼성페이는 2020년 8월 가입자가 약 1,900만 명, 누적결제금액은 80조 원을 기록하면서 빠르게 성장했다.

해외에서도 스마트폰의 중요성은 커져가고 있다. 중국의 경우 모바일 결제 활성화가 급속하게 이뤄졌다. 중국 내 모바일 결제 이용액은 2014년 6조 위안(1,000조 원)에서 2018년 190조 5,000억 위안(3경 1,960조 원)으로 4년 새 약 32배 급등했다. 특히 중국의 모바일 인터넷 사용 확대, 신용카드 보급률과 모바일 결제 편의성 증대 및 당국의 관련 산업에 대한 포용적 규제는 모바일 결제시장의 급성장을 견인했다. 2018년 6월 말 기준 중국의 스마트폰 사용자수는 7억

8,000명으로 스마트폰을 이용한 인터넷 사용 비중은 2013년의 81 퍼센트에서 2018년 6월 기준 98퍼센트로 꾸준히 증가했다.

미국 시장조사기업 이마케터(eMarketer)에 따르면 미국의 경우 2019년 14세 이상의 미국 소비자 9,230만 명이 6개월 동안 최소 한 번은 모바일 결제 서비스를 이용한 경험이 있는 것으로 나타났다. 2021년에는 1억 120만 명으로 추산된다. 2025년 미국의 모든 스마트폰 이용자의 절반 이상이 모바일 결제 서비스를 활용할 것으로 전망되는데, 이 말은 곧 핀테크 산업의 성장 여력이 아직도 많이 남아 있다는 뜻이기도 하다.

글로벌 모바일 결제 시장 규모도 폭발적으로 증가하고 있다. 미국 시장조사기관인 얼라이드 마켓 리서치(Allied market Research)에 따르면 전 세계 모바일 결제 시장은 2020년 1조 9,127억 달러에서 연평균 성장률 30.1퍼센트로 증가해 2027년에는 12조 621억 달러에 이를 것으로 전망된다.

핀테크 춘추전국시대

국내 핀테크 기업 현황

카카오가 뱅크월렛카카오, 카카오페이 등의 핀테크 서비스를 선보인 이래 국내에서는 많은 수의 핀테크 업체가 그간 감췄던 모습을 드러내고 있다. 대표적인 기업이 비바리퍼블리카다. 이 회사는 문자메시지 보내듯 돈을 송금할 수 있는 서비스 '토스(TOSS)'라는 앱을 내놓았다. 사용법은 간단하다. 앱 설치 뒤 보낼 금액과 받을 사람을 선택한다. 사전에 등록한 비밀번호만 입력하면 송금이 끝난다.

비바리퍼블리카는 2014년부터 언론의 주목을 받으면서 IBK기업은행을 포함해 부산·경남·전북은행 등 여러 은행으로부터 러브콜을 받으며 잇따라 업무 제휴를 체결해왔다. 토스는 2015년 2월 정식 서비스를 시작했는데, 서비스 초안은 2013년부터 나와 있었다고 한다. 토스는 기존 '월10회'까지만 송금수수료를 받지 않았다. 그러나 경쟁력 확보를 위해 2021년 8월 송금수수료 무제한 무료로 전환했다. 현재 토스를 통한 누적 송금액은 약 169조 원에 달한다. 토스의 경우 실명인증을 하지 않은 이용자는 1일 50만 원으로 제한하고 있지만, 실명을 인증했으면 1회 200만 원씩 1일 최대 1000만 원까지 송금할 수 있다. 재밌는 건 지금은 유니콘이 된 토스도 10억 원이라는 투자금이 없어 사업이 위태로웠던 적이 있었다는 것이다.

한국의 벤처기업 '비바리퍼블리카'가 올해 말 내놓을 예정인 모바일 애플리케이션 '토스'는 스마트폰으로 간편하게 송금·결제를 할 수 있는 서비스다. 지금까지 스마트폰으로 계좌이체를 하려면 공인인증서 인증, 보안카드 번호 입력 등 11단계 이상을 거쳐야 했지만 토스는 회원 가입 뒤 송금액 및 수신자 입력, 비밀번호 인증 등 3단계만 거치면 된다. 올해 3월 베타 서비스 기간에 별다른 홍보 없이 5,000여 명이 이용해 업계에서 뜨거운 관심을 받았다.

하지만 '비바리퍼블리카'는 국내에서 창업자금을 모으는 데 실패했다. 이 회사의 이승건 대표는 "현재 '중소기업창업지원법'상 국내 벤처캐피털은 금융업에 투자하지 못하도록 돼 있어 결국 미국 실리콘밸리에서 온 해외 투자자에게서 투자를 받았다"며 "그 투자자는 2시간 정도 우리 측 프레젠테이션을 듣고 그 자리에서 10억 원의 투자를 결정했다"고 말했다.

이 대표는 "전자금융업을 하려면 법적으로 5억~50억 원의 최소자본금이 필요한데 국내에서는 투자를 받을 수 있는 길이 봉쇄돼 있다"며 "한국에서는 '핀테크(FinTech · 금융기술)' 창업 자체가 거의 불가능한 구조"라고 지적했다. … (후략)

- "세계는 핀테크 혁명중… 한국은 新금융 구경만", 《동아일보》, 2014년 11월 4일자 1면.

인터파크 자회사 옐로페이는 유통회사로는 일찌감치 간편결제 서비스를 내놨다. 이 회사는 2012년 3월 휴대전화번호만으로 실시간 자동이체 및 결제가 되는 서비스를 선보여 2014년 12월 말 기준 37만 4,342명의 회원을 확보했고, 매달 2만 6,529~5만 1,651건(2014년 기준)의 거래를 발생시키는 소기의 성과를 거두기도 했다.

【표】국내 핀테크 태동기의 주요 핀테크 기업 사례

기업	내용
16개 시중은행, 금융결제원	• 휴대전화 메시지 보내듯 송금 가능한 뱅크월렛
카카오	• 카톡 보내듯 하루 최대 10만 원까지 송금 가능한 뱅크월렛카카오 • 카드 정보 저장해 놓고 비밀번호 입력만으로 결제 가능한 카카오페이
비바리퍼블리카	• 앱 설치 뒤 수신자를 선택하고 비밀번호 입력 후 송금가능한 '토스'
옐로페이	• 상대방의 전화번호만으로 송금 • 가상화폐 옐로머니를 예치 시 연 2% 상당의 옐로머니 이자처럼 지급

개인 간 송금, 후불결제 서비스도 제공했다. 앱 설치 없이 휴대전화번호만으로 결제·송금·청구 등 각종 금융서비스를 제공한 것. 결제의 경우 인터파크, G마켓 등 온라인 쇼핑몰에서 결제 수단으로 옐로페이를 선택한 뒤 결제창에 본인의 휴대전화번호를 입력하면 전화가 걸려오고, 전화의 안내 음성에 따라 비밀번호를 입력하면 결제가 이루어지는 식으로 구동하게 했다.

송금의 경우 스마트폰에서 옐로페이 홈페이지에 접속한 뒤 '보내기' 메뉴를 선택하고 상대방의 휴대전화번호와 이름, 보낼 금액을 선택한 뒤 걸려오는 전화를 받아 비밀번호를 입력하도록 했다. 계좌번호도 알 필요가 없다. 친구들과 '더치페이'를 할 수 있는 기능도 있었다. 마찬가지로 홈페이지에 접속한 뒤 '걷기' 메뉴를 선택한 뒤 상대방 휴대전화번호와 받을 금액을 입력하면, 문자 또는 전화로 해당 금액이 청구된다. 상대방이 확인한 뒤 비밀번호를 누르면 입금이 완료된다. 또 현금을 옐로머니라는 사이버머니로 바꿔 보관하고 있는 이용자에게는 예치 금액의 2퍼센트에 달하는 옐로머니를 매일 이자처럼 제공하기도 했다.

인터파크는 2015년 9월 말 인터넷 전문은행 'I-뱅크'를 인가받고자 금융위원회에 예비인가 신청을 했다가 고배를 마시기도 했다. 옐로페이와 같은 핀테크 서비스를 선보인 경험을 인터넷 전문은행에 적용하려 했던 것으로 보인다. 다만 옐로페이 서비스는 2017년

서비스를 종료했다. (아이러니하게도 자본력이 없던 토스는 살아남고, 대기업 계열의 옐로페이는 죽었다. 연구 대상이다.)

IT 업체는 아니지만 16개 시중은행과 금융결제원이 모여 뱅크월렛이라는 핀테크 애플리케이션을 내놓기도 했다. 2013년 3월 출시된 이 앱은 뱅카의 구(舊)버전이다. 휴대전화에 저장된 주소록을 기반으로 간편하게 돈을 보낼 수 있는 서비스로 현재는 카카오는 빠진 채로 명맥만 이어가고 있다.

2021년 8월 현재 이 같은 전자지급서비스를 영위하는 사업자는 급격히 늘어 164개에 달한다고 한다. 핀테크 업체인 쿠콘(체크페이), 코나아이(코나머니 송금), 핀크(핀크), 디셈버앤컴퍼니자산운용(핀트)을 비롯해 유통 공룡 쿠팡(쿠페이)부터 십일번가(SK페이), 에스에스지닷컴(SSG PAY), 롯데멤버스(L.pay)까지. 이들 핀테크 기업과 이들이 만들어낸 핀테크 서비스들은 5년 전에는 상상도 못할 부가가치들을 창출해내고 있다.

해외 핀테크 기업 현황

이제 해외 핀테크 업체로 넘어가보자. 미국 스타트업 기업 온덱은 온라인 전문 대출업체다. 오프라인 점포는 없다. 온라인으로만 대출 심사를 하고 24시간 내 신속하게 돈을 내준다. 이 회사는 빅데이터를 기반으로 대출자의 신용도를 판단하고 현금 흐름, 신용도, SNS 활용도를 평가한 뒤 24시간 이내에 대출을 진행한다. 나아가 대출 고객이 식당 리뷰사이트 옐프(Yelp)에 남긴 댓글도 분석해 활용한다. 2007년 설립된 이래 2021년 현재 130억 달러(약 15조 2,165억 원)의 대출 중개 실적을 올렸다.

2014년 12월, 온덱은 기업공개로 무려 1조 3,000억 원의 기업 가치 평가를 받았다. 최고경영자인 노아 브리슬로는 "은행 갈 시간 없는 바쁜 자영업자가 많다"며 "온덱은 앉은 자리에서 인터넷으로 대출 신청을 하고 이튿날 돈을 받을 수 있는 편리한 서비스"라고 설명했다.

【표】해외 핀테크 기업과 업무 세부 내용

기업	업무 세부 내용
온덱	• 100% 온라인기반으로 대출신청 익일에 지정계좌로 자금 입금해주는 서비스 • 자체 개발한 신용평가 알고리즘이 대출신청자의 금융기관, 거래내용, 현금흐름, SNS 상 평판 등을 고려해 신속한 신용평가 및 대출여부 심사
렌딩클럽	• 돈을 빌려주려는 개인 투자자와 빌리려는 기업을 온라인에서 연결 • 자금 중개는 자동화 시스템이 처리하며 대출금리는 신용도에 따라 차등 적용

벤모	• 휴대전화로 지인끼리 소액을 주고받을 수 있는 송금서비스
민트	• 소비자의 모든 금융계좌와 신용카드 정보를 종합해 자산 상황을 알려주는 서비스 • 유가증권, 부동산시세 등을 데이터화해 순자산가치를 실시간 제공
런베스트	• 온라인 전용 투자자문 앱
스트라이프	• 스트라이프 앱프로그래밍 인터페이스를 애플리케이션에 삽입한 회원에게 이틀 안에 대금을 지급해주는 서비스 • 카드를 최초 한 번 등록 시 상점에 상관없이 원클릭 결제가 가능
어펌	• 온라인쇼핑몰에서 물건 구매 시 신용카드가 아닌 본인의 신용으로 할부구매를 할 수 있도록 도와주는 결제서비스 • 회원의 공개된 데이터를 분석해 몇 초 만에 신용도를 평가한 뒤 적정 할부수수료를 부과하는 방식

렌딩클럽은 P2P대출 중개업체다. 2007년 미국에서 설립되었으며 샌프란시스코에 본사가 있다. 돈을 빌려주려는 개인 투자자와 빌리려는 기업을 온라인에서 연결시켜주는 자금 중개 업무를 한다. 대출금리는 신용도에 따라 차등 적용된다. 2014년 12월 렌딩클럽은 나스닥 상장 첫날 공모가 대비 65퍼센트 급등해 세간의 주목을 받았다. 8월 현재 시총은 26억 2000만 달러(약 3조 원) 규모. 2021년 2분기 현재 350만 명의 고객을 보유하고 있는 이 혁신 회사는 650억 달러(약 76조 2,190억 원)의 누적 대출을 기록했다.

벤모는 미국 소액 송금 서비스업체다. 2012년 7월부터 지인끼리 휴대전화로 소액을 주고받는 서비스를 시작했으며 국내의 뱅크월렛 카카오와 유사하게 서비스 이용을 위한 수수료가 없다. 벤모는 스타트업으로 출발해 2012년 6월 브레인트리, 2013년 9월 이베이가 소유한 페이팔 등에 차례로 인수됐다. 2020년 벤모의 총결제액은 전년동기 대비 54퍼센트 증가한 370억 달러(약 43조 원)를 기록했다.

민트(Mint)는 2006년 설립된 미국의 대표적인 자산관리 애플리케이션 업체다. 2009년 퀵큰(Quicken), 터보택스(TurboTax)를 개발한 인튜이트(Intuit)에 인수됐다. 소비자의 모든 금융계좌와 신용카드 정보를 종합해 자산 상황을 알려준다. 유가증권, 부동산 시세 등도 데이터화해 순자산의 가치를 실시간으로 제공하기도 한다. 앱, 웹사이트 등 민트의 플랫폼에서 여타 금융회사의 상품을 추천, 민트를 통해 금융상품을 신청할 경우 해당 금융회사로부터 일정 판매수수료를 지급받고 있다.

미국 런베스트(LearnVest)는 2009년 설립된 투자자문 서비스업체. 2015년 3월에 노스웨스턴 뮤추얼 생명보험사에 매각됐다. 고객의 재무 상태를 진단하고 자문하는 런베스트의 모든 과정은 PC 웹사이트와 모바일 앱에서 이용 가능하다. PC나 모바일에서 재무 정보를 입력하면 자산 현황이 한눈에 그래픽으로 변환되어 나타난다. 자산관리사와 함께 재무 목표를 설계한 뒤 자신의 소비 습관, 지출 규모, 목표 달성 등을 위해 얼마나 노력했는지 여부를 온라인에서 확인할 수 있다. 최초 가입비는 299달러이며, 한 달에 19달러를 내면 매달 서비스를 받을 수 있다. 10만 달러 이하 자산은 2~2.5퍼센트의 수수료를, 50만 달러 이상은 1.5퍼센트를 요구하는 기성 자산 관리업체와 비교하면 저렴한 편이다. 런베스트는 창업 이후 5년 동안 총 7,300만 달러의 투자를 이끌어냈다.

스트라이프(Stripe)는 지급결제 스타트업으로 2011년 9월 미국 샌프란시스코에서 설립됐다. 이 회사는 PC, 모바일 웹사이트 등 인터넷상에서 결제를 쉽게 해주는 솔루션을 제공한다. 예를 들어 자신의 모바일 앱으로 전 세계 화폐를 결제하고 싶다면, 스트라이프 API(응용프로그램 인터페이스)를 가져다가 쓰면 된다. 이 회사는 전 세계 139가지 통화의 결제를 지원한다. 비트코인, 알리페이도 대상에 포함된다. 스트라이프는 2020년 유럽에서만 20만 곳 이상의 기업 고객을 새로 확보했다. 시리즈H까지 투자를 유치한 이 회사의 기업가치는 현재 956억 달러(약 112조 원)에 달한다.

미국 인공지능 기반 핀테크 업 어펌(Affirm)은 페이팔 창업자 맥스 레브친이 2012년 창업한 것으로 잘 알려져 있다. 온라인에서 물건을 살 때 신용카드 없이 수 초 내에 할부 대출을 받아 구매에 이용하는 서비스로 시작했다. 이는 대출자의 공개된 데이터를 빠르게 분석하는 핵심 기술을 보유하고 있기에 가능했다. 어펌은 사용자가 서비스에 가입할 때 등록하는 이름, 전화번호, 이메일과 우리나라의 주민등록번호와 비슷한 사회보장번호 끝 네 자리를 기반으로 거주지, 출신 학교 등 개인정보를 5초 안에 확인 후 신용도를 평가하고 적정 할부 수수료를 부과한다. 이 회사는 2021년 1월 상장에 성공한다.

온라인 국제 송금 서비스인 줌(Xoom)은 2001년 미국 캘리포니아주 샌프란시스코에 둥지를 텄다. 일찌감치 서비스를 시작해 선점 효과를 누리던 이 회사는 페이팔 공동 창업자인 피터 틸로부터 일찌감치 투자를 유치했고, 2015년에는 페이팔에 인수되기에 이르렀다.

이 밖에 영국 대표 P2P 해외송금 업체로는 와이즈(Wise)가 있다. 2011년 1월 트랜스퍼와이즈라는 이름으로 설립된 이 회사는 금융기관을 통하지 않고 두 나라 간 송금 거래를 연결하는 방식을 도입해 수수료를 기존 은행 대비 10분의 1 수준으로 낮췄다. 300개 화폐로 이용이 가능하다. 와이즈는 1,000만 고객을 확보하고 있으며 2021년 회계연도 기준 540억 파운드(86조 9,524억 원) 규모의 지급결제를 처리했다. 이 같은 성과를 기반으로 2021년 7월 런던증권거래소에 상장했다.

아시모(Azimo)는 2012년 1월 영국에 근무하는 터키, 필리핀 등 해외 이주 노동자를 대상으로 해외송금 서비스를 시작했다. 브렉시트의 영향으로 본사를 네덜란드 암스테르담으로 옮겼다. 현재 약 200개 이상의 국가를 대상으로 서비스를 제공한다. 전체 거래의 76퍼

센트가 해외 이주 노동자, 50퍼센트가 미숙련 노동자로부터 발생했
는데 이는 필리핀 등 주요 국가 송금은 약 1~3퍼센트의 낮은 수수
료를 받았기 때문이었다. 2016년 일본 이커머스 라쿠텐으로부터 투
자를 받아 아시아 시장으로 사업을 확장해왔다.

점포 없는 은행이 온다

———

눈에 띄게 사라지는 은행점포

오프라인 점포를 기반으로 하던 전통적인 의미의 은행들이 최근 스마트뱅킹이라는 온라인 점포로 대거 옮겨가고 있다. 계좌조회, 자금이체, 송금 등 과거에는 오프라인 점포를 찾아야 했던 금융서비스 업무가 스마트뱅킹에서 구현 가능해졌기 때문이다.

스마트뱅킹에 익숙해진 고객들은 차츰 점포를 방문하는 횟수를 줄여나갔다. 금융감독원이 발표한 '국내 은행 점포 운영현황' 따르면 2020년 말 기준 은행 점포(지점+출장소) 수는 6,405개로, 1년 전보다 304개 줄었다. 2020년 새로 문을 연 점포는 30개, 문을 닫은 점포는 334개였다.

【표】국내 은행 점포 수 추이

【표】국내 은행 점포 수 추이 (단위: 개)

연월	2015년 말	2016년 말	2017년 말	2018년 말	2019년 말	2020년 말
점포수	7,281	7,101	6,789	6,766	6,709	6,405

주: 점포는 지점, 출장소 포함 / 자료: 금융감독원

　　은행 점포 수는 2016년 말 7,101개, 2017년 말 6,789개, 2018년 말 6,766개, 2019년 말 6,709개로 계속 내림세다. 모바일뱅킹 등 비대면 거래 확대와 중복 점포 정리 등의 영향이다.

　　반면 모바일뱅킹의 이용자 수는 빠르게 증가추세다. 한국은행이 발표한 '2020년 국내은행 인터넷뱅킹서비스 이용현황'에 따르면 18개 국내 은행과 우체국 예금 고객 기준 모바일뱅킹 이용금액은 일평균 9조 373억 원으로 전년 대비 45.2퍼센트 증가했다.

　　국내은행 인터넷뱅킹에 가입한 고객도 1억 7,037만 명으로 전년 말보다 7.0퍼센트 증가했다. 이 중 모바일뱅킹 등록고객이 차지하는 비중이 절반을 훌쩍 넘는 78.5퍼센트 수준이었다. 국내은행 모바일뱅킹에 등록한 고객 수는 1억 3373만 명으로 전년과 비교해 10.6퍼센트 증가했다. 점포 없는 은행(스마트폰 중심의 스마트뱅킹)이 이제 대세가 되어가고 있는 셈이다.

　　금융서비스가 오프라인 점포에서 온라인의 스마트폰으로 이동하고 있다는 사실이 시사하는 바는 무엇일까? 이는 금융서비스를 제공하는 주체가 '은행에서 IT 업체로' 옮겨갈 수 있음을 의미한다. 또한 "은행업을 IT 업체에게 송두리째 빼앗길 수도 있으니 서둘러 대비하라"는 은행권을 향한 경고의 신호이기도 하다.

사실 한국의 시중은행들은 PC를 기반으로 하는 인터넷뱅킹을 선제적으로 도입하며 편리한 금융서비스를 고객에게 제공해왔다. 북적이는 점포를 방문하지 않고도 웬만한 금융서비스는 집에서 간편하게 이용할 수 있었다. 도입 당시만 해도 충분히 혁신적이었다. 하지만 점포, ATM(현금자동입출금기)과 마찬가지로 PC에서 금융서비스를 이용하기 위해서는 집이나 사무실 등 인터넷 환경을 갖춘 곳을 방문해야만 한다. 노트북을 이용한다고 해도 자리에 앉아야 정상적으로 업무를 볼 수 있다. 반면 모바일은 어떤가? 공간의 제약을 받지 않고 금융서비스를 이용할 수 있다.

시중은행은 스마트폰의 특수성을 이해하지 못한 채 PC에 금융서비스를 접목시키던 방식으로 모바일에 투자했다. PC에서 모바일로의 전환에 실패해 도태된 많은 IT 기업들처럼. 그러다 보니 시중은행이 제공하는 모바일뱅킹은 계좌조회, 현금이체 기능에 머무르고 말았다. 특별히 PC 기반 인터넷뱅킹과 차별화되는 점이 없었다. 금융소비자들은 PC 인터넷뱅킹이 등장할 때처럼 그들이 제공하는 모바일뱅킹을 혁신적으로 느끼지 않고 있는 것이 현실이다. 점포, ATM, PC에 이어 모바일이라는 새로운 금융 플랫폼을 제대로 활용하지 못한 셈이다.

한편, 이 틈새를 노리고 모바일에 정통한 IT 회사들이 금융업에 진출하려 했지만 한국에서는 유난히 까다로운 금융산업의 진입 장벽(규제)에 소규모 IT 회사들은 감히 문을 두드릴 생각조차 못했다. 카카오 같은 대형 IT 기업이 금융산업에 뛰어들기 전까지는 말이다.

해외의 사정은 국내와는 달랐다. 금융산업 부문에서 모바일을 PC 대하듯 하지 않고 더 적극적으로 사업화했다. 중국은 한국처럼 누구나 은행계좌나 신용카드를 발급받을 수 없다. 대부분의 사람이 제도권 금융기관에서 금융서비스를 받지 못한다는 말이다. 한국처럼 은행들이 주도적으로 나서서 인터넷뱅킹, 모바일뱅킹에 투자할 유인이 없다.

다만 중국에는 스마트폰이 은행계좌보다 더 빨리 보급됐다. 모바일에 정통한 IT 회사는 무풍지대인 금융산업에 재빠르게 뛰어들었다. 알리바바와 같은 비(非)금융기관의 금융서비스가 널리 보급되기 시작했다. 케냐도 중국과 상황이 비슷하다. 통신사 사파리콤이 제공하는 핀테크 서비스 엠페사(M-PESA)는 휴대전화로 송금, 결제, 대출이 가능한 서비스다. 이 두 나라는 금융 인프라보다 스마트폰의 보급, 확대가 더 빨라 모바일 중심의 금융서비스가 한국보다 보편화돼 있다.

스마트폰 보급보다 금융 인프라가 먼저 구축된 선진국은 어떨까? 선진국은 관련 규제를 풀어 진입 장벽을 대폭 낮췄다. 은행은 은행대로 인터넷·모바일뱅킹을 선진화하는 작업을 하고, 핀테크 기업은 규제 장벽 없이 나름대로 선진화된 금융서비스를 만들어냈다. 미국에서는 자동차 기업이 모기업인 얼라이뱅크(Ally Bank), 증권사가 모기업인 찰스슈워브뱅크(Charles Schwab Bank) 등 다양한 형태로 인터넷 전문은행이 운영되고 있다. 일본에서는 SBI스미신넷뱅크(SBI Sumishin Net Bank), 다이와넥스트뱅크(Daiwa Next Bank), 소니뱅크(Sony Bank) 등 다양한 분야의 업체들이 인터넷 전문은행을 설립했다. 산업자본의 은행 소유 규제(은산분리)가 한국보다 심하지 않았기 때문에 가능한 일이다.

한국은 뒤늦게 금융산업에 IT 업체가 진입하는 장벽을 낮추기로 했다. 2014년 3월 대통령의 '천송이 코트' 발언이 그 물꼬를 텄다. 당시 TV 드라마 〈별에서 온 그대〉가 중국에서 인기리에 방영되면서, 여주인공인 천송이(전지현 분)가 입은 코트가 중국인들의 구매욕을 자극했다. 그러나 국내 온라인 쇼핑몰에 접속해 직접 구매하려는 중국인들에게서 액티브X를 깔아야 하는 번거로움 때문에 마음껏 쇼핑할 수 없다는 원성이 일었다. 이에 박근혜 전 대통령이 나서서 당국자들을 질책한 것이다. 그 이후 액티브X 설치 폐지, 공인인증서 의무 사용 폐기 등이 추진됐으며, 급기야 인터넷 전문은행 도입까지 논의되기에 이르렀다.

앞서 골드만삭스는 글로벌 은행들이 대출로 얻는 연간 수익의 7퍼센트인 약 110억 달러가 향후 5~10년 내 스마트폰 기반의 온라인 대출업체들에 흡수될 가능성이 높다고 전망했고, 이는 사실상 현실화되고 있다. 스마트폰을 중심으로 한 점포 없는 은행이 기존 은행을 잠식하고 말 것이다.

뒤늦은 감이 있지만 국내에도 스마트폰을 중심으로 한 핀테크 시장이 열리고 있다. 이는 피할 수 없는 거대한 물결과 같다. IT 업체들은 한국 금융산업 전반에 깔려 있던 규제 장벽이 허물어짐과 동시에 핀테크 시장에 빠르게 진입하려는 모양새를 보이고 있다. 이제는 국내 시중은행들이 그 물결에 현명하게 올라탈 방법을 강구해야 할 때다.

핀테크가 아니라 '테크핀'?

한국과 미국의 대학등록금 지불 사례를 보면 핀테크가 바꿔놓을 생활상을 짐작해볼 수 있다.

2009년 피어트랜스퍼(peerTransfer)라는 이름으로 설립돼 지금은 이름을 플라이와이어(Flywire)로 바꾼 미국 핀테크 업체는 미국, 영국, 캐나다, 호주, 일본 등에 위치한 대학교와 제휴해 해외 유학생들의 등록금 납부를 대행해오고 있다. 플라이와이어는 6개 대륙 220개

국가와 지역에서 800개 대학교(미국 650개 영국 120개 등)와 제휴를 맺었고 현재는 그보다 개수가 많다. 약 200개의 통화로 송금이 가능하며 비자, 마스터카드, 알리페이 등으로도 돈을 보낼 수 있어 이용자들의 편의를 높였다. 플라이와이어를 통해 2014~2015학년도에 1조 달러의 학자금이 지불됐다고 한다. (2021년 5월 상장까지 나서 기업가치가 40억 달러, 우리 돈으로 4조 7,000억 원에 이른다.)

플라이와이어는 수취 자금 전액을 환전하지 않고 각 국가에서 등록금 납부 후 남은 차액만 환전해 불필요한 수수료를 과감히 없앴다. 은행 송금으로 학비를 납부하는 기존의 방식으로는 수취 은행에서 부과하는 수수료로 인해 의도치 않게 학비를 미납하는 사례가 빈번하게 일어나곤 했다.

같은 시점의 한국으로 눈을 돌려보자. 대학등록금 납부 철마다 대학교가 등록금을 신용카드 결제 방식으로 수납하지 않아 이용자들의 불만이 제기됐다. 이용자를 등에 업은 카드사들 역시 대학들이 자사(自社) 카드로 수납을 받지 않는다며 볼멘소리를 했지만 변화는 이루어지지 않았다. 2016년 대학 등록금을 카드로 납부할 수 있도록 고등교육법이 개정됐음에도 불구하고 여전히 상당수의 국내 대학들은 카드를 통한 등록금 수납에 적극적이지 않다. 한국처럼 신용카드 인프라가 잘 발달된 나라도 드문데, 왜 하필 이 대학등록금 영역에 있어서는 결제가 안 되는 촌극 아닌 촌극이 십수 년째

이어지고 있는 걸까.

문제의 핵심은 수수료다. 고객들은 거액의 대학등록금을 신용카드로 지불하면 할인, 포인트 적립 등 혜택을 볼 수 있기 때문에 신용카드 납부를 선호한다. 그렇다면 대학도 고객처럼 혜택을 볼까? 아니다. 1.5퍼센트를 웃도는 거액의 수수료를 지불해야 한다. 대학등록금이 400만 원이라고 가 정한다면 6만 원을 카드사에 바쳐야 한다. 대학들이 카드 납부를 회피하는 데에도 나름의 이유가 있다.

그렇다면 그 수수료를 낮추면 문제는 해결된다. 하지만 인프라를 설치해 고정비를 회수하려는 하드웨어적 사고를 가진 카드사 입장에서는 수수료를 포기할 수 없다. 기득권을 가지고 있는 카드사 발상으로는 해결점을 찾기 힘든 것이다. 결국 소프트웨어를 업의 근간으로 삼고 있는, 소프트웨어적 사고를 가진 플라이와이어 같은 회사가 나설 수밖에 없다. 고객, 대학교 등 모두가 '원-원'하는 거래 상황을 만드는 것이다. 소프트웨어가 바로 '핀테크'다.

금융산업의 혁신을 주도할 주체가 금융회사가 아니라 IT 업체가 되는 모순. 이 같은 현실 때문에 핀테크가 아니라 '테크핀(TechFin)' 이라고 불러야 한다는 얘기도 나온다. 은행 산업도 IT로 똘똘 뭉친 IT 기업들에게 그저 손 놓고 내줄 것인가. 핀테크가 이슈가 되는 시점에 금융회사가 나서서 혁신을 외칠 수는 없는 것일까. 금융산업 종사자라면 한 번쯤 고민해봐야 할 문제다.

INTERNET
ONLY
BANK

2장

인터넷 전문은행, 금융의 판을 바꾸다

인터넷 전문은행, 금융의 판을 바꾸다

핀테크 2.0 시대, 인터넷 전문은행은 무엇이 다른가

스페인 금융기관 산탄데르가 발표한 '핀테크 2.0' 보고서는 지급결제·P2P 대출 중심의 핀테크를 '핀테크 1.0'으로 정의한다. 이 정의대로라면 앞 장에서 살펴봤던 결제·송금 등의 금융서비스가 핀테크 1.0이 될 것이다. 보고서는 핀테크 1.0의 금융서비스가 현재까지 뿌리내려온 금융산업 지형도의 판을 바꿀 만큼 큰 파급효과를 지니고 있다고 평가하지는 않는다. 우리가 실생활에서 느끼는 바도 그렇다. 간편결제, 송금의 기술적 발전으로 금융서비스를 이용하는 고객의 이용 편의는 분명 향상됐지만 피부로 체감할 정도는 아니다. 하지만 누군가가 빅데이터, 인공지능(AI), 사물인터넷(IoT) 등 최첨단 정보통신기술(ICT)을 이용해 점포 중심의 금융산업 인프라를 바꾼다고 생각해보자. 은행 상담원이 내 자산 포트폴리오를 메신저로 실시간 관리해준다. AI가 24시간, 365일 금융 관련 상담을 도와준다.

【표】 기존은행과 인터넷 전문은행 비교

구분	기존 은행	인터넷 전문은행
대면 채널	점포(핵심채널)	• 무점포(보조채널)가 기본 • 고객서비스 차원 고객센터와 같은 최소한의 점포 운영
비대면 채널	인터넷/ 모바일뱅킹(보조채널) • 콜센터 • ATM 직접운영	• 인터넷/모바일뱅킹(핵심채널) • 콜센터 • ATM 대체로 기존 은행망 활용
금융서비스	모든 금융서비스 제공 • 대면/비대면 채널 모두 활용 • 금리/수수료 우대 없음	은행별 특화된 금융서비스 제공 • 대체로 소매금융 특화서비스 • 점포 운영비 절감으로 금리, 수수료 우대
운영시간	평일 오전 9시~오후 4시	365일 24시간
경쟁력	대면 서비스를 통한 PB 업무 등	비용 절감을 통한 금리, 수수료 우대

자료: 우리금융경영연구소, KB금융지주 경영연구소, 이베스트투자증권 리서치센터

대출 업무는 점포를 찾지 않고 스마트폰을 통해 쉽게 볼 수 있다.

내 소비 지출 성향, SNS 게시글, 포털사이트 댓글 등을 통해 신용등급을 평가해 금리를 우대해준다.

이 같은 '핀테크 2.0' 시대가 찾아오면 금융산업에 큰 지각 변동이 일어날 것이라는 예측은 충분히 설득력이 있다. 그리고 핀테크 2.0의 중심에 서 있는 그 누군가는 바로 '인터넷 전문은행'이다. 인터넷 전문은행의 특징을 정리해보면 다음과 같다.

① 가장 큰 특징은 온라인을 기반으로 하는 '무점포 은행'이라는 점이다. 전산기기 운영, 민원 응대 등 최소한의 인력만 '본사 형태'로 구축된다.

② 오프라인 점포 대신 ATM, 인터넷 카페, 디지털 키오스크(무인 정보 단말기) 등이 점포 역할을 한다.

③ 점포를 설치하는 데 드는 비용이나 이를 운영·관리할 인건비를 절감함으로써 고객에게 예금 및 대출금리, 수수료상의 유인을 제공한다.

④ 온라인을 기반으로 하는 만큼 시공간의 제약이 없다. 1년 365일, 하루 24시간 전국 어디서나 PC, 스마트폰 등을 이용해 은행 서비스를 이용할 수 있다.

⑤ 빅데이터를 활용한 고객 맞춤형 서비스가 가능하다. 인터넷 전문은행은 축적된 고객 데이터를 기반으로 성별, 나이, 소득

수준 등 유형별로 분류해 고객 솔루션을 제공한다. 지금까지 묻지도 따지지도 않고 발송됐던 금융 관련 스팸 문자메시지, 카드 명세서 속 광고 전단지 등이 아닌 '진짜 금융정보'를 제공받을 수 있게 된다는 말이다.

진화하는 인터넷 전문은행

인터넷 전문은행은 시기에 따라 1~3세대로 분류할 수 있다. 1995년부터 2000년 사이에 등장한 인터넷 전문은행은 수수료를 낮추고, 금리는 높이는 전략으로 고객을 빠르게 유치했다. 이들 인터넷 전문은행을 1세대 인터넷 전문은행으로 분류할 수 있다. 1995년 10월 전 세계 최초로 미국에서 설립된 시큐리티 퍼스트 네트워크 뱅크(SFNB), 1996년 10월에 출범한 미국의 넷뱅크(Net Bank), 1998년에 서비스를 개시한 영국 에그뱅크(Egg Bank)가 대표적인 예다.

금융 선진국에서 1세대 인터넷 전문은행들이 출범할 당시 국내에서는 '인터넷뱅킹'이라는 단어조차도 생소하게 여겨졌다. 미국 동남부 조지아 주 애틀랜타에서 출범한 SFNB는 인터넷으로 은행 업무를 본다는 것 자체가 친숙하지 않았던 때, 마우스 클릭만으로 편리하게 은행에 있는 것처럼 업무를 볼 수 있는 서비스를 제공했다. 이 최초의 인터넷 전문은행은 '낮은 거래 비용(수수료)'을 제시해 고객들을 끌어모았다. 당시 기존 은행의 거래 비용은 건당 1.08달러였다. 폰뱅킹에는 54센트, PC뱅킹에는 26센트가 필요하던 시절이었다. SFNB는 과감하게 이 수수료를 13센트로 낮췄다. 은행 거래 대비 13퍼센트에 불과한 비용으로 금융서비스를 이용할 수 있도록 한 것이다. 편리성과 낮은 수수료 덕분에 이 은행은 몸집을 빠르게 불려, 2년 새 미국 전역에서 1만 2,500여 명의 고객을 확보했다. 연간 예금액은 4,800만 달러, 인터넷 접속 건수는 하루 7만 건을 넘어섰다.

넷뱅크는 미국 조지아 주 알파레타에 본사를 두고 있다. 1999년 6월 말에는 총자산 8억 1,773만 달러인 작은 은행이었지만 미국 내 인터넷뱅킹 고객 만족도 조사에서는 7위를 기록할 정도로 인기 있는 은행이 됐다. 이 은행은 SFNB와 마찬가지로 고금리와 낮은 수수료 전략을 내세웠다. 미국 금융기관의 수시입출금 금리가 평균 1퍼센트대였는데, 넷뱅크는 3퍼센트를 제시했다. 수수료로는 4센트를 내걸었다. 당시만 해도 파격적인 금액이었다. SFNB 설립 이래 2000년대 초반까지 30개 안팎의 인터넷 전문은행이 탄생했다.

하지만 대표적인 1세대 인터넷 전문은행 두 곳을 포함해 일부 최첨단 금융기관이 문을 닫고야 말았다. SFNB는 자금운용 실패로 2001년 8월 RBC센츄라(지금의 RBC뱅크)에 인수됐고, 넷뱅크는 고비용을 상쇄하기 위해 저신용자를 대상으로 고금리 대출을 내주는 방식으로 운영하다가 금융위기의 여파로 2007년 끝내 파산했다.

1세대 인터넷 전문은행이 문을 닫게 된 원인에는 광고선전비 증가, 자금운용 실패, 경쟁 격화, 계속되는 해커의 공격 등이 있지만, 무엇보다도 당시 고객들이 점포에 가기를 더 선호했다는 점이 큰 타격이 되었다. 2004년 9월 마켓 펄스 서베이(Market Pulse Survey)에 따르면 은행 서비스 이용 조사 응답자의 34퍼센트가 지점을 찾은 것으로 나타난 반면, 인터넷을 선호한 비율은 그 절반 수준인 17퍼센트에 그쳤다. 그밖에도 차에 탄 채 이용하는 드라이브스루(Drive-thru)는 24퍼센트, ATM은 25퍼센트의 선호도를 보였다. 이 같은 이유로 2000년대 초반 30개 안팎의 인터넷 전문은행은 2000년대 중반 12개로 줄어들었다. 1세대 인터넷 전문은행은 시대를 너무 앞서갔다.

2000년대 초중반부터 등장하기 시작한 2세대 인터넷 전문은행으로는 미국 찰스슈워브뱅크, 얼라이뱅크, 디스커버뱅크(Discover Bank), 스웨덴 스칸디아방켄(Skandia Banken), 일본 소니뱅크, 라쿠텐뱅크(Rakuten Bank), 재팬넷뱅크(Japan Net Bank), 지분뱅크(Jibun Bank), 세븐뱅크(Seven Bank), SBI스미신넷뱅크 등이 대표적이다. 2세대 인터넷 전문은행도 1세대와 마찬가지로 고금리와 낮은 수수료 전략을 취했다. 다만 고객 접점 채널을 1세대보다 다각화했다. 가장 대표적인 채널이 ATM이다. ATM을 통해 점포 채널을 선호하는 고객들의 니즈를 충족시킨 것이다. 상품 구성도 단순하고 쉽게 했다. 무엇보다 모회사, 주주사를 활용한 금융상품·서비스를 제공했다는 점이 가장 큰 특징이다. 얼라이뱅크, 디스커버뱅크는 모회사의 고객을 대상으로 마케팅하는 캡티브(Captive) 전략을 취했다. SBI스미신넷뱅크, 라쿠텐뱅크 등은 비(非)은행, 비(非)금융사와의 협업을 통해 제휴사 간 시너지를 창출하는 전략을 썼다. 현재 전 세계에 존재하는 인터넷 전문은행의 대부분은 2세대에 해당한다.

2000년대 중반을 거쳐 3세대 인터넷 전문은행이 등장하기 시작했다. 중국 위뱅크Webank(웨이중은행微衆銀行), 독일 피도르뱅크(Fidor Bank), 프랑스 헬로뱅크(Hello Bank), 미국 모벤(Moven) 등이 그 주인공이다. 3세대 인터넷 전문은행은 스마트폰을 주요 채널로 삼고 있다. 더욱 진화한 빅데이터, 핀테크 기술을 모바일로 제공하기 위해 다각도로 시도하는 것이 특징이다.

3세대 인터넷 전문은행은 자사 고객의 금융거래 데이터뿐만 아니라 다른 산업의 고객 데이터, 금융 데이터, 공공 데이터 등 다양한 정보를 분석해 고객 맞춤형 상품과 서비스를 제공한다. 이를 위해 ICT 업체와 활발히 제휴를 맺기도 한다. 이 책에서는 3세대 인터넷 전문은행의 국내외 사례를 전반적으로 다룰 것이다.

누가 첫 번째가
될 것인가

'제1호'를 위한 인수전

금융위원회는 2015년 6월 인터넷 전문은행 도입 방안을 발표했다. 은산분리 완화 내용을 담은 은행법 개정 이전에 시범 차원에서 2015년 12월 말 인터넷 전문은행 설립 인가를 1~2곳의 컨소시엄에 내주기로 한 것이다. 다만 설립 취지에 따라 금융기관보다는 ICT, 제조, 유통 등 비(非)금융기관이나 금융기관이라 하더라도 시중은행보다는 보험, 증권, 저축은행 등 2금융권에 가점을 제공한다는 방침을 세웠다.

이 같은 방침이 정해지자 굵직한 컨소시엄이 꾸려졌다. 카카오 컨소시엄(카카오뱅크), KT컨소시엄(K뱅크), 인터파크 그랜드 컨소시엄(I-뱅크)의 세 개 컨소시엄이 대한민국 제1호 인터넷 전문은행 타이틀을 얻기 위해 도전장을 내밀었다.

【표】인터넷 전문은행 예비입찰 참여 컨소시엄

컨소시엄	플랫폼/전자상거래	금융	기타(지급결제 등)
카카오	카카오, 넷마블, 로엔, 이베이(G마켓/옥션) 등	한국투자금융지주, 국민은행, SGI서울보증	우정사업본부, 텐센트, 코나아이 등
인터파크	인터파크, SK텔레콤, NHN엔터, GS홈쇼핑 등	기업은행, NH투자증권, 현대해상, 한국증권금융 등	한국전자인증, 지엔텔 등
KT	KT, GS리테일, 이지웰페어, 압컴퍼니 등	우리은행, 현대증권, 한화생명	KG이니시스, 다날, 한국정보통신 등

자료: 이베스트투자증권

카카오는 KB국민은행, 한국투자금융지주를 포함해 넷마블, SGI 서울보증, 우정사업본부(우체국), 이베이(G마켓, 옥션), 예스24, 코나아이, 텐센트 등 총 10개사와 함께 스마트폰 중심의 모바일은행 카카오뱅크를 설립한다는 계획을 발표했다. 예비인가 신청 시에는 카카오가 10퍼센트, 한국투자금융지주가 50퍼센트, KB국민은행이 10퍼센트의 지분을 갖기로 당시 가닥을 잡았다. 다만 향후 산업자본의 은행 소유 제한을 완화하는 내용으로 은행법이 개정되면 카카오를

1대 주주로 할 것을 한국투자금융지주와 합의했다고 카카오는 설명했다.*

카카오뱅크의 사업 영역은 어떻게 꾸렸을까? 우선 예·적금, 보험, 연금 등 다양한 금융상품을 카카오톡이라는 SNS를 통해 가입할 수 있게 된다고 밝혔다. 나아가 카카오뱅크는 '사적인 계모임의 장부처리'라는 새로운 시스템도 구축할 계획이라 덧붙였다. 회비를 걷을 때 단체 채팅방에서 공동계좌를 열어 구성원이 입출금 내역을 확인할 수 있게 하는 것이다. 또 컨소시엄 참여자인 우체국의 물류망을 적극적으로 활용한다고도 했다. 이를 통해 카카오뱅크에서 환전한 달러를 우체국 택배로 자택이나 사무실에서 받을 수 있게 되는 것. 무엇보다 기대되는 것은 빅데이터 분석 분야다. 국내 시장 점유율 65퍼센트에 달하는 G마켓·옥션의 상거래 데이터와 SGI서울보증의 신용정보, 카카오의 행동 분석 패턴(길기사 내비게이션 등) 등을 통해 기본 10등급 체계의 신용등급을 100등급으로 세분화할 수 있다고 했다. 등급을 세분화하면 고객에게 금리를 차등 적용할 수 있어 대출금리 인하 유인이 생긴다. 텐센트는 중국 시장 진출의 교두보로, 카카오가 인수한 인도네시아 3대 메신저 패스(Path)는 동남아 시장 진출의 교량 역할을 하기로 했다.

---

* 산업자본이 은행 지분을 34%까지 보유할 수 있도록 한 인터넷 전문은행 설립 및 운영에 관한 특례법(인터넷 전문은행법)이 2018년 9월 국회에서 통과됐다.

IT 업체로 분류되는 인터파크는 '인터파크뱅크그랜드'라는 이름으로 인터넷 전문은행 컨소시엄을 구성했다. 인터파크는 ▲통신(SK텔레콤) ▲유통(GS홈쇼핑, BGF리테일) ▲핀테크(옐로금융그룹) ▲플랫폼(NHN엔터테인먼트) ▲솔루션(지엔텔, 한국전자인증, 세틀뱅크) ▲금융(기업은행, NH투자증권, 현대해상, 한국증권금융, 웰컴저축은행) 등 총 14개 회사를 섭외했다.

I-뱅크는 컨소시엄 참여사의 합산 고객 2억 명과 150만 사업자의 거래 정보 등의 빅데이터를 이용해 신용평가 등급을 세분화함으로써 중신용 고객에게 대출이자율을 현재보다 10퍼센트 이상 낮추겠다는 포부를 밝혔다. 이렇게 되면 중신용 고객들이 연간 이자 비용으로만 2조 5,000억 원가량을 감면받게 된다. 특히 소상공인에게 가맹점 수수료를 무료로 제공하는 모바일 직불결제 서비스를 내놓겠다고 밝혔다. 또, 수입과 지출 등 거래 정보를 기반으로 하는 신용평가를 통해 대출금리를 낮춤으로써 서민과 소상공인들의 은행을 지향점으로 삼았다. 모바일 개인 금융비서, 자동화 프라이빗뱅킹 서비스, 복합 금융몰을 통해 고객 맞춤형 자산축적 솔루션을 제공한다는 방침이다. 고액자산가에게 집중되던 자문 서비스를 모바일로 옮겨와 모든 고객에게 제공한다는 것이다. 아울러 통신, 금융, 유통, 지급결제 시장에 강점을 가진 컨소시엄 참여사들의 역량을 활용해 소비자 생활 서비스 전반에 걸쳐 적립과 사용이 가능한 가상

화폐 아이 머니(I-Money)를 출시할 계획이었다.

KT는 뱅크웨어글로벌, 포스코ICT, 브리지텍, 모바일리더 등 ICT 회사와 GS리테일, 얍컴퍼니, 이지웰페어 등 플랫폼·전자상거래 회사, 우리은행, 현대증권, 한화생명 등 금융회사, 알리페이, KG이 니시스, KG모빌리언스, 다날, 한국정보통신, 인포바인, 민앤지 등 지급결제 및 보안회사, 8퍼센트와 같은 핀테크 업체와 손을 잡고, 오픈 API 기반으로 열린 플랫폼을 제공한다는 계획을 세웠다. 예를 들어 부동산 중개 앱 개발업자가 KT컨소시엄의 오픈 API를 이용해 앱 내에서 대출상품 이용 코너를 만들어 K뱅크가 제공하는 금융서 비스를 이용할 수 있도록 하는 식이다.

크라우드펀딩 등 특화 플랫폼 개발에도 적극 나선다. KT컨소시 엄은 국내 스타트업 생태계 활성화를 위해 중소기업, 벤처용 대출 형 크라우드펀딩 서비스를 제공한다고 했다. 이 밖에 영업점을 방 문하지 않고 복잡한 인증 절차 없이도 손쉽게 계좌를 개설하고 본 인 인증, 송금 등이 가능하도록 '심플 뱅킹'을 지향한다고 강조했다. 또 휴대전화 기반 가상계좌 개설로 휴대전화 번호, 이메일로 송금 이 가능하도록 할 예정이다. 실시간 스마트 해외송금도 제공한다. KT컨소시엄 뱅킹 앱에서 상대방 전화번호와 송금액, 해당국 거래 통화를 설정하면 본인 인증을 한 뒤 송금을 실행할 수 있다. 이 서 비스를 사용하면 시간과 수수료를 모두 절약할 수 있다.

빅데이터를 활용한 중금리 대출도 중요한 사업 영역이다. KT컨소시엄은 KT 고객 3,000만 명, GS리테일 2,000만 명 등의 고객 기반, 전국 265만 개 BC카드 가맹점의 거래내역, PG사의 결제 트래픽 2억 건(연간) 등의 빅데이터를 보유하고 있다. 이 빅데이터를 바탕으로 신용평가를 세분화해 실시간 소액대출을 10퍼센트대 중금리로 공급할 계획이다. 맞춤형 자산관리 서비스에도 빅데이터 분석을 적용한다. 빅데이터 분석을 통한 맞춤형 자산관리 서비스도 제공한다. 특정 매장 방문 시 해당 월 지출 총액 및 구매 내역을 스마트폰으로 확인할 수 있게 하는 등 위치 기반한 능동적 지출관리 서비스도 선보이겠다고 덧붙였다.

제1호 인터넷 전문은행, 카카오뱅크와 K뱅크

2015년 11월 29일, 금융위원회는 카카오뱅크와 K뱅크에 대한민국 최초의 인터넷 전문은행 예비인가를 내주었다. 다음 날 카카오 주가는 전일 대비 3.88퍼센트 상승한 12만 600원에, KT는 0.5퍼센트 상승한 2만 9,950원에 장을 마감했다. 카카오뱅크의 주주인 코나아이의 주가도 전일 대비 각각 5.79퍼센트 약진했고, K뱅크의 주주인 다날, KG이니시스, GS리테일은 7.83퍼센트, 2.88퍼센트, 0.36

퍼센트씩 올랐다. 시장의 기대가 반영된 셈이다. K뱅크는 2016년 1월 단독으로 160억 원을 출자해 K뱅크 준비법인 주식회사를 설립했다. K뱅크 가교법인 대표는 안효조 KT 상무가 맡았다. 카카오뱅크도 자본금 10억 원의 가교법인을 설립하고 윤호영 카카오 부사장과 이용우 한국투자금융지주 전무를 공동대표로 앉혔다. K뱅크는 2016년 9월 30일 금융당국에 본인가를 신청하고 그해 12월 14일 은행 본인가를 획득했다. 이후 이듬해인 2017년 4월 3일 우리나라 1호 인터넷 전문은행으로서 영업을 개시했다.

카카오뱅크는 2017년 1월 6일 금융당국에 본인가를 신청하고 그해 4월 5일 본인가를 따냈다. 7월에는 본격적으로 문을 열고 금융상품을 판매하기 시작했다. 카카오뱅크는 국민의 97퍼센트가 이용하는 카카오톡을 배경으로 금융소비자와 금융서비스를 연결하는 '내 손 안의 은행'을 구현했다. 가장 돋보이는 아이디어는 '금융봇'이다. 금융봇은 AI 기반의 대화형 고객 서비스다. 고객이 질문하면 AI가 이를 인식, 24시간 고객의 금융 상태를 점검하고 관리해 상품을 추천해준다. 또, 공과금 납부 일정, 자동이체 결제 내역, 쿠폰 이용 가능한 주변 식당까지 알려주는 일종의 비서 기능도 수행한다. 예금이자를 현금 또는 이모티콘, 게임 아이템 등 다양한 형태로 수취할 수 있도록 한 것도 카카오뱅크의 차별화된 특징이다.

【표】대한민국 1호 인터넷 전문은행

신청인	한국카카오뱅크	K뱅크
자본금	3,000억 원	2,500억 원
주요 주주 (지분율)	한국투자금융지주(50%), 카카오(10%), 국민은행(10%), 넷마블, 로엔, SGI서울보증, 우정사업본부, 이베이, 예스24, 코나아이, 텐센트 등 11개사	우리은행(10%), GS리테일(10%), 한화생명보험(10%), 다날(10%), KT(8%), 포스코ICT, 현대증권, 8퍼센트, 한국관광공사, 알리페이, 민앤지 등 19개사
핵심제공 서비스	중금리대출(빅데이터 기반), 카카오톡 기반 간편 송금, 카드, VAN, PG 없는 간편결제, 카카오톡 기반 금융 비서, 카카오 유니버셜 포인트	중금리대출(빅데이터 기반), 토탈 간편지급결제(익스프레스 페이), 휴대폰/e메일 기반 간편 송금, 로보-어드바이저 기반 자산관리, 리얼타임 스마트 해외 송금

자료: 금융위원회, 언론 보도

　카톡방에서 공과금도 납부하고, 공동 통장을 만들어 회비를 관리할 수 있도록 한 맞춤형 예·적금 상품도 큰 호응을 이끌어냈다. 카카오뱅크 컨소시엄에 참여하고 있는 G마켓, 옥션, 예스24, 우체국쇼핑 등에서 현금처럼 사용할 수 있는 '카카오 유니버셜 포인트' 제도를 도입해 은행계의 'OK캐시백'을 만들겠다는 방침도 특이점으로 꼽혔다.

　아울러 카카오뱅크는 카카오페이 운영 경험을 토대로 판매자와 구매자를 직접 연결해 밴(VAN)사와 PG사를 배제한 결제 프로세스를 만들어 가맹점 수수료를 대폭 인하하겠다는 계획을 세웠다. 이렇게 되면 가게 주인이 최대 4퍼센트까지 부담하는 현재의 결제 수수료가 1퍼센트대로 크게 낮아지는데, 그마저도 고객에게 적립금으로 제공해 사실상 수수료는 제로가 되는 셈이다. 이른바 앱투앱 결제 방식이다.

인터넷 전문은행의 수익성을 담보하는 여신 부문은 중신용자 대출에 초점을 맞춘다. 공동 발기인들이 보유하고 있는 고객 데이터를 활용한 신용평가 시스템을 통해 10퍼센트 내외의 중금리 대출이 가능하다. 또 G마켓, 옥션 등 오픈마켓에 입점한 소상공인을 대상으로 매출채권, 재고자산을 담보로 한 대출을 실행하겠다는 목표를 세웠다. 그동안은 오픈마켓 소상공인의 재무 정보를 은행권에서 공유하지 않아 금리가 높거나 대출한도가 낮았다. 기존 금융권에서 제공하지 않았던 소규모 단기 전월세 보증금 담보대출도 가능해질 전망이다. 이를 위해 1,000만 회원의 모바일 부동산 중개업체 직방과 업무 제휴를 체결했다.

카카오가 내 손 안의 은행이라면 K뱅크는 '우리동네 네오뱅크(Neo Bank)'를 지향한다. 우리동네 네오뱅크란 오프라인 어느 곳에서도 접할 수 있으며 기존 은행에서는 기대할 수 없는 혁신적인 서비스를 갖춘 인터넷 전문은행을 의미한다. 빅데이터(KT), 위비뱅크(우리은행), ATM(GS리테일), 크라우드펀딩(8퍼센트) 등 관련 사업을 이미 수행 중인 준비된 주주들로 이루어져 있기에 혁신을 실행에 옮기기만 하면 된다는 입장이다.

K뱅크도 제2금융권과 대부업체 등에서 연 20퍼센트의 고금리를 이용하는 고객을 대상으로 금리를 연 10퍼센트대로 끌어내린 중금리 대출상품을 계획했다. 주주사들의 통신 정보, 결제 정보, 유통 정보 등 빅데이터를 분석한다면 실현 가능한 일이다. KT는 중금리 대출 심사에 적용할 수 있는 3,000만 명의 고객 이용 정보(이동전화, 초고속인터넷, 인터넷TV)와 계열사 BC카드의 2,600만 고객정보가 핵심 자산이다.

특히 중금리 대출 심사에 적용할 수 있는 양질의 매출 정보, 가맹점 등급 정보를 획득할 수 있는 265만 개의 BC카드 가맹점 데이터가 결정적이다. 물론 가장 중요한 것은 빅데이터 분석 역량이다. KT는 조류독감 감염 경로 추적, 서울시 심야버스 노선 결정 등 굵직한 공공 프로젝트를 수행하면서 빅데이터 역량을 키워왔다. 이 같은 역량을 토대로 금리 사각지대(연 4.9%~15.5%)에 놓인 4~7등급 중신용 고객 2,076만 명을 위한 새로운 신용평가 시스템을 내놓겠다는 복안이다. 참고로, 금융기관별 평균 대출금리는 대부업 34.7퍼센트, 저축은행 25.9퍼센트, 캐피탈 21.6퍼센트, 카드론 15.5퍼센트, 은행 4.9퍼센트 등이다.

K뱅크는 GS리테일이 보유한 1만 개 점포, 우리은행의 7,000개 ATM, KT 공중전화 1,000개 등 1만 4,000개의 오프라인 채널을 지 점화한다는 방침을 세웠다. 공중전화의 경우, 전력선과 인터넷망이 깔려 있어 손쉽게 ATM으로 변모시킬 수 있다. 8개 시중은행 총 점 포 수를 합치면 5,334개 정도임을 감안하면 많은 숫자다.

또 GS리테일, 우리은행 등이 보유하고 있는 2만 3,000개의 ATM 에서 계좌 개설, 비대면 인증, 소액대출, 홍보마케팅까지 실행할 계 획을 세웠다. K뱅크는 소비자가 직접 가게 주인에게 송금하는 방식 의 신종 결제 수단인 '익스프레스 페이'도 사업계획에 넣었다. 고객 이 익스프레스 페이 지불을 결정하면 스마트폰으로 10분 내에 본인 확인을 거쳐 서비스 사용이 가능한 가맹점으로 등록할 수 있도록 하는 구조다.

카카오뱅크가 예금이자를 현금 대신 이모티콘, 게임 아이템으로 도 제공한다면, K뱅크의 고객들은 올레TV VOD(다시보기), 무료 음 성통화·데이터 등에서 고를 수 있도록 했다. K뱅크에는 핀테크, 소 프트웨어 등에서 전문적인 역량과 성공 경험을 골고루 보유한 기업 이 대거 참여했기에, 이 업체들이 보유한 역량을 활용해 시스템, 플 랫폼 구축 비용 등 초기 투자 비용을 줄일 수 있을 것으로 봤다. 우 선 알리바바의 인터넷 전문은행 '마이뱅크' 코어뱅킹 시스템을 설 계한 국내 IT 업체 뱅크웨어글로벌이 K뱅크의 코어뱅킹 시스템을

6~9개월 안에 구축했다. 은행의 뼈대가 되는 뱅킹 시스템을 구축하는 데는 통상 18개월 이상이 소요된다.

또한 P2P 대출업체인 8퍼센트의 대출 플랫폼을 연계, 소상공인 및 스타트업을 위한 전용 스페셜 채권을 구상했다. 설립 초기 미비할 수 있는 민원 대응 업무는 은행권 콜센터 점유율 1위 업체 브리지텍이 맡았다.

왜 카카오와 KT인가

정부가 카카오뱅크를 선정한 배경은 무엇일까? "카카오톡 기반 사업 계획의 혁신성이 인정될 뿐만 아니라 사업 초기에 고객 기반의 구축이 용이한 것으로 평가되는 등 안정적인 사업 운영이 가능할 것"이라는 것이 정부의 판단이다. 카카오뱅크 인가 조건에서 읽어낼 수 있는 키워드는 '고객 기반'이다. 카카오톡 이용자는 무려 4,500만 명이며, 하루 평균 41분 사용한다. 카톡 알림을 통해 인터넷 전문은행 고객을 빠르게 유치할 수 있다는 점에서 큰 점수를 딴 것으로 보인다.

따라서 2차 인터넷 전문은행 인가에 도전할 컨소시엄은 고객을 쉽고 빠르게 늘릴 수 있는 방법에 초점을 맞춰 준비를 해야 한다.

이를 위해서는 네이버 채팅 앱 라인, 밴드와 같이 국민 상당수가 이용하는 '메신저 플랫폼'이라든지 쿠팡, 배달의민족과 같은 '온라인 커머스 플랫폼' 등 다수의 사용자가 즐겨 쓰는 앱을 기반으로 사업 구상 노력을 해야만 성공 가능성이 높을 것으로 점쳐진다.

한편 당국은 K뱅크에 대해 "참여 주주 역량을 최대한 활용해 다수의 고객 접점 채널을 마련하고 혁신적인 서비스를 제공함으로써 고객의 편의를 제고할 수 있을 것으로 예상된다"고 선정 이유를 밝혔다. K뱅크 인가 조건에서 눈에 띄는 점은 '다수의 참여 주주'와 '고객 기반'이다. 카카오뱅크 선정의 배경에 카톡 플랫폼을 활용한 고객 유치가 용이할 것이라는 기대가 작용했다면, K뱅크는 탄탄한 참여 주주가 한몫했다. K뱅크는 참여 주주가 21곳으로, 10곳의 카카오뱅크, 14곳의 I-뱅크보다 우세했다. 참여 주주가 많다는 것은 K뱅크가 잠재고객들을 다수 보유하고 있는 것으로 해석할 수 있다. K뱅크 컨소시엄의 총 고객은 2억 명이며 오프라인 가맹점은 350만 개에 달한다. 또 1만 개의 GS리테일 편의점, 7,000개의 우리은행 ATM, 1,000개의 KT 공중전화 등 다수의 고객 접점 채널은 고객 유치를 용이하게 돕는다.

반면 I-뱅크 탈락 배경에 대해서는 "빅데이터를 활용한 신용평가모형 등은 합격점에 가까웠으나, 자영업자에 집중된 대출 방식의 영업 위험성이 높고 안정적인 사업 운영 측면이 다소 취약한 것으로 평가된다"고 밝혔다. 다시 말하자면, 견고하지 못한 '고객 기반' 문제가 I-뱅크의 발목을 잡았다고 할 수 있다. I-뱅크를 이끄는 수장인 인터파크가 전 고객군(群)을 대상으로 영업 기반을 확보하기에는 그릇이 작았다는 것이다.

인터파크는 전자상거래업체로 자사 쇼핑몰에 입점한 영세자영업자의 데이터베이스를 확보하고 있다. 영세자영업자에게 대출을 내주겠다는 아이디어는 틈새시장을 파고든 인터파크만의 강점이다. 하지만 전 국민을 대상으로 한 금융서비스는 아닌 만큼 초기 이용자 확보 차원에서 카카오뱅크, K뱅크와 운명을 달리할 수밖에 없었던 것으로 보인다. I-뱅크 참여 주주사를 봐도 세대, 연령을 넘나드는 고객군을 확보한 곳은 SK텔레콤 한 곳뿐이라고 봐도 무방하다. IBK기업은행은 중소기업을 지원하는 목적에 따라 설립되었기 때문에 소매금융 기반이 약하다. NH투자증권, 현대해상화재보험은 업계 선두 금융회사지만 증권, 보험사의 특성상 국민 모두를 고객으로 삼고 있다고 보기는 어렵다. 하지만 탈락 배경의 가장 큰 원인은 '대주주 적격성' 문제였던 것으로 판단된다. 우선, 재벌 계열인 SK텔레콤이 속해 있는 I-뱅크 컨소시엄을 인가해주면 '재벌의 사금고화' 논란을 부추기기 십상이다. 대부업체를 모회사로 둔 웰컴저축은행이 주주사로 있는 점도 악영향을 미쳤다는 분석이다. 금융회사는 이미지를 먹고 산다. 대부업 계열이 주주사로 있다면 정치권, 시민단체 등으로부터 표적이 되기 십상이다.

금융권에서 대주주 적격성 문제는 뜨거운 이슈다. 2015년 국정 감사에서 횡령으로 유죄 판결을 받은 조현준 효성 사장이 대주주로 있는 계열사들이 K뱅크의 주주사로 참여하면서 인터넷 전문은행 적격성 논란도 제기됐다. 실제로 논란이 불거지자 K뱅크는 효성 ITX, 노틸러스효성을, I-뱅크는 효성 계열인 갤럭시아컴즈를 제외했다. 해외도박 의혹이 제기된 김범수 카카오 이사회 의장이 대주주로 있는 카카오가 인터넷 전문은행을 영위할 수 있는지 여부가 도마에 오르기도 했다. 하지만 김 의장 이슈는 의혹에 불과해 카카오가 예비인가를 철수하는 사태까지 번지지는 않았다. 따라서 차기 인터넷 전문은행의 주인이 되기 위해서는 전 국민 고객 기반을 확보한 리더가 컨소시엄을 이끌어야 한다는 결론이 나온다. 컨소시엄의 리더가 재벌기업, 대기업 계열이어서는 안 된다. 또 적격성 논란이 불거질 법한 대주주는 사전에 받아들이지 않는 편이 낫다. 혁신성은 차후 고려할 점이다.

삼파전 예고하는
토스뱅크

―――――

차기 인가의 주인공, 토스뱅크

K뱅크, 카카오뱅크에 이어 제3의 인터넷 전문은행이 탄생했다. 주인공은 바로 토스뱅크다. 토스뱅크의 최대주주는 비바리퍼블리카의 토스다. 2021년 10월에 문을 열고 본격 영업을 시작한 토스뱅크가 은행업을 시작하기까지의 여정은 쉽지만은 않았다.

2019년 3월 키움뱅크와 토스뱅크 두 곳은 컨소시엄을 꾸려 각각 인터넷 전문은행 예비인가 신청접수했다. 그러나 그해 5월 두 곳 모두 예비인가 심사에서 탈락했다. 키움뱅크는 사업계획의 혁신성, 실현 가능성 측면에서 부족하다는 평가를 받았다. 토스뱅크는 지배구조와 자본 안정성 문제로 지적받으며 고배를 마셨다. 당시 외부

평가위원회는 토스뱅크가 "지배주주 적합성(출자능력 등), 자금조달 능력 측면에서 미흡하다"고 탈락 이유를 설명했다. 토스뱅크는 비바리퍼블리카(60.8%)와 이 회사에 투자한 외국계 벤처캐피탈(VC)의 지분이 도합 80.1퍼센트에 달했다. 비바리퍼블리카가 사실상 지분 대부분을 가지고 독주하는 체제였다. 불균형한 주주구성은 안정성 부족으로 연결된다.

토스뱅크는 첫 예비인가 심사에서 탈락한 후 재정비해 그해 10월 15일 재도전을 했다. 결국 재수 끝에 12월 16일 토스뱅크는 제3인터넷 전문은행 예비인가를 받아내는데 성공했다. 토스뱅크의 최대주주는 지분 34퍼센트를 보유하는 비바리퍼블리카다. 첫 예비인가 심사때 60.8퍼센트이던 지분율을 대폭 낮췄다.

컨소시엄에는 KEB하나은행, 한화투자증권, 중소기업중앙회, 이랜드월드, SC제일은행, 웰컴저축은행, 한국전자인증, 알토스벤처스, 굿워터캐피탈, 리빗캐피탈 등 총 11개 주주사가 참여했다. 11개사가 지분 66퍼센트를 나눠가진 주요주주로 참여했다. 최초 자본금은 2,500억 원이다.

토스뱅크는 소규모 특화은행으로 금융 소외계층에 서비스를 제공하는 '챌린저뱅크'를 사업 모델로 제시했다. 특히 모바일 디지털 금융 생태계 변화를 주도하는 밀레니얼 세대를 타깃으로 공략할 것으로 보인다. 예비인가 당시 "새로운 인터넷 전문은행으로서 역할

을 다하기 위해 금융 소외계층(underbanked)에 최적의 금융서비스를
제공하는 것을 목표로 세웠다"는 뜻을 밝힌 토스뱅크는 "전통 금융
권에서 소외되어 온 중신용 개인 고객 및 소상공인(SOHO) 고객에
집중하고자 한다"고 비전을 제시했다. 이를 통해 중신용자와 소상
공인을 대상으로 하는 대출서비스 등으로 기존 대형 은행과 차별화
를 모색할 것으로 예상된다.

토스뱅크는 포괄적인 금융 데이터 활용 경험을 비롯해 혁신 상품
출시 경험, 압도적 사용자 경험 설계, 혁신적 조직 구성 등을 자사의
핵심 역량으로 꼽았다. 이를 통해 모바일 금융서비스 토스의 2,000
만 가입자와 컨소시엄에 참여하는 전략 주주의 방대한 고객군을 기
반으로 다양한 사업 및 운영 협력을 통해 혁신적인 금융 상품을 제
공한다는 계획이다. 토스가 1020세대 중심으로 영향력 있는 송금플
랫폼으로 성장한 경험도 토스뱅크를 키우는데 자양분이 될 것으로
보인다.

2013년 8월 설립된 비바리퍼블리카는 2015년 2월 공인인증서
없는 간편송금 서비스 '토스'를 출시하며 국내 최대 핀테크기업으
로 성장했다. 토스는 간편송금 서비스를 시작으로 계좌·카드·신용
등급·보험 등 각종 조회 서비스와 계좌 개설·적금·대출 상품 가입
등의 뱅킹 서비스, P2P·펀드·해외 주식 등 서비스를 제공하는 종
합 금융 플랫폼으로 자리매김했다.

【표】토스뱅크 인가과정

2019년 5월 24~26일	외부평가위원회 심사
2019년 5월 26일	키움, 토스뱅크 컨소시엄 예비인가 모두 탈락
2019년 10월 15일	토스 인터넷 전문은행 예비인가 재신청
2019년 12월 16일	토스 인터넷 전문은행 예비인가 승인
2021년 2월 5일	토스 인터넷 전문은행 본인가 신청
2021년 6월 9일	토스 인터넷 전문은행 본인가 승인
2021년 10월	토스뱅크 정식영업 시작

3강 체제 인터넷 전문은행, 승부처는

국내 인터넷 전문은행 시장은 케이뱅크, 카카오뱅크, 토스뱅크 등 3강 체제가 갖춰졌다. 인터넷 전문은행 시장에서 최대 승부처는 중금리 대출과 MZ세대 확보다. 인터넷 전문은행 3사는 중금리 대출 시장에서 격전을 벌일 것으로 전망된다. 특히 금융위원회에서 인터넷 전문은행 설립 취지인 중금리 대출 확대를 강조한 만큼 두각을 내기 위한 격돌이 예상된다.

토스는 우선 자체 개발한 신용평가모형(CSS)을 통한 중금리 대출을 공략한다. 토스뱅크는 영업 첫 해인 2021년 말 기준 중금리 대출 비중을 34.9퍼센트로 설정했다. 케이뱅크(21.5%), 카카오뱅크(20.8%)보다 10퍼센트포인트(P) 이상 웃도는 수준이다. 또한 중·저신용자를 위한 다양한 대출상품을 출시한다. 중·저신용자 포함 개인 및 자영업자 대상 신용대출과 보증서대출(사잇돌 한도대출) 등이다.

보증서 대출은 신용도 부족, 소액 급전 이용 목적으로 제2금융권을 이용하는 중·저신용자 대상으로 자체 신용평가모형에 기반해 제1금융권 대출 기회를 제공한다. 향후 소상공인 대출(스마트보증), 보증서대출(햇살론), 전월세 자금대출 등도 출시한다. 소상공인 대출의 경우 마이데이터, 스크래핑 등 기법을 활용해 실시간 카드 매출실적을 포함한 데이터 수집 및 대출심사·실행 전 과정을 모바일 애플리케이션(앱)으로 구현한다.

케이뱅크, 카카오뱅크도 중금리 대출을 강화하고 CSS를 고도화한다. 케이뱅크는 CSS에 금융이력부족자 특화 모형을 추가하고 금융정보와 대안정보를 가명결합한 데이터를 신용평가에 활용한다. 예컨대 주주사 및 관계사가 보유 결제정보(BC, 다날)나 통신정보(이용행태정보, KT) 등을 적용한다. 카카오뱅크는 중신용자·금융이력부족자 특화 모형이 추가된 새로운 CSS를 개발했다. 향후 통신정보, 결제정보, 공공정보 등 대안정보 활용범위를 확대한다.

또 하나의 승부처는 MZ세대 고객 확보다. 1980년대부터 2000년대 초반까지 태어난 'MZ세대'가 주요 금융소비자층으로 부상하면서 이들을 사로잡기 위한 사용자환경(UI)·사용자경험(UX)과 혜택 좋은 금융상품 제공 등이 중요하다. 카카오뱅크가 시장에 빠르게 안착한 요인은 카카오 캐릭터나 편리한 UI 등이다. 간편송금 등 MZ세대를 중심으로 성장한 토스 또한 뱅크를 통해 틀을 깬 신개념 UI를 구현한다는 방침이다.

토스뱅크는 공인인증서 없이 비밀번호·생체인증만으로 쉽고 빠르게 송금 서비스가 가능한 서비스를 출시해 MZ세대를 공략한다. 이와 함께 현금자동화기기(ATM) 입출금 수수료 무료 혜택을 제공한다. 또한 모임 성격에 따라 구성원의 회비 납입 및 지출관리에 특화된 모임통장, 비대면 법인계좌 개설 및 관리가 가능한 법인수신계좌 등을 출시한다. 특히 신용카드 사업 인허가 추진을 검토한다.

고객이 돈을 모을 수 있는 저축 상품은 혁신 측면에서 새롭게 설계했다. 토스뱅크는 고객이 여유자금 운용, 목돈 마련 등 다양한 요구에 따라 자유롭게 규칙을 설정해 저축할 수 있도록 한다. 소득과 소비, 통장 잔고 관리 습관을 분석해 맞춤형 자산관리 기회도 제공한다. 또 복잡한 조건 충족 없이 시중은행 대비 경쟁력 있는 금리도 제공한다는 목표를 세웠다.

체크카드 상품의 경우 고객 소비패턴에 따른 캐시백, 시즌별 혜택 변화 등 서비스를 선보인다. 고객 편의를 높이기 위해 여러 장의 카드 대신 단 한 장의 카드만으로 다양한 서비스를 누릴 수 있도록 할 방침이다. 이밖에 해외송금서비스, 사업자금 관리부터 마케팅 서비스까지 편리하게 이용하는 '내 손안의 종합 사업 지원' 솔루션을 제공한다.

주인을 닮는 인터넷 전문은행

2세대 인터넷 전문은행의 주된 특징은 설립 주체에 따라 은행의 성격도 달라졌다는 점이다.

자동차 제조업체 GM이 2009년 설립한 얼라이뱅크는 자동차 금융에 특화됐다. 주요 고객인 자동차 딜러에게 내주는 기업 대출이 전체 대출의 46퍼센트를 차지한다. 자동차 구매 고객을 대상으로 판매하는 오토론(Auto Loan)의 이자 수입은 38.9퍼센트를 차지한다. 얼라이뱅크는 예금이라는 안정적인 수신 기반을 통해 자동차 금융 할부사(캐피탈회사)와 달리 낮은 금리에 더 많은 대출한도를 부여할 수 있었다. 또 모회사 GM과 연계해 오토론, 리스, 카드 등을 만들어 제공하고 있다. 시중은행의 예금금리는 연 0.1퍼센트 정도인데, 얼라이뱅크는 10배에 달하는 금리를 제공한다. 10~15달러의 계좌유지 수수료도 없다.

얼라이뱅크는 미국 인터넷 전문은행 중 규모가 가장 크다. 2015

년 현재 고객 78만 명, 자산 1,015억 달러의 대형 은행으로 성장했다. 물론 우여곡절은 있었다. 글로벌 금융위기가 찾아온 2008년에 모회사 GM과 동반 부실을 겪으며 172억 달러의 공적자금을 받았으나, 미국 자동차 시장이 회복되면서 자동차 할부 금융 시장 1위 자리로 우뚝 섰다. 2010년 5월, GMAC(the General Motors Acceptance Corporation)에서 현재의 사명으로 개명했고, 그해 10월에는 뉴욕 증시에 상장하면서 정부 지분을 모두 처분했다.

고뱅크(Go Bank)는 월마트 계열 인터넷 전문은행이다. 월마트는 2014년 9월 쇼핑객을 대상으로 모바일 당좌 예금계좌(checking account · 수시 입출금 통장) 고뱅크를 서비스하기 시작했다. 미국의 금융기관은 예금 잔고 유지를 위한 수수료를 과금하지만, 월마트는 500달러 이상 예치 시 수수료를 받지 않기로 했다. 이 서비스를 제공하기 위해 월마트에서 파는 선불카드를 주요 수입원으로 삼는 소형 은행인 그린닷코프(Green Dot Corp)와 손잡았다.

고뱅크의 '잔액 슬라이드'는 스마트폰 슬라이드 버튼을 밀어 계좌 현황을 조회할 수 있는 독특한 서비스로 공인인증서를 통한 절차가 없어 간편하다. 또 고객이 원하는 물건의 사진을 보내면 필요한 물건인지 답해주는 '점쟁이Fortuneteller'라는 서비스도 제공한다. 사용자의 소비 성향을 분석해 충동구매인지 여부를 판단해주는 것이다.

2003년 설립된 찰스슈워브뱅크는 찰스슈워브증권이라는 증권사가 모기업이다. 찰스슈워브뱅크가 고객으로부터 돈을 끌어오면 모기업인 증권사가 해당 자산을 운용해주며 시너지를 낸다. 2015년 3월에는 빅데이터, 컴퓨터 알고리즘 등을 결합한 로봇자산관리 시스템 슈워브 인텔리전트 포트폴리오스(Schwab Intelligent Portfolios)를 도입했다. 5,000달러 이상 예금한 고객의 성향에 맞춰 온라인으로 자산관리를 제공하는데, 고객 포트폴리오를 짜주고 투자 실행을 하는 과정이 전자동으로 실행된다. 평균 운용 보수는 연 0.15~0.5퍼센트 수준이며, 고객은 목표 수익률을 매일 확인해볼 수 있다. 이 밖에 해외 ATM 사용 시 환전 수수료를 무료로 책정하기도 했다.

미국 보험그룹 프린시플 파이낸셜 그룹(Principal Financial Group)은 1998년 프린시플 뱅크(Pricipal Bank)를 설립했다. 이 인터넷 전문은행은 모그룹 고객을 대상으로 건강보험 상품과 연계한 헬스 예금계좌(Health Saving Account), 퇴직연금 이체계좌(safe Harbor 401k Saving Account) 등을 내놨다. 설립 초기에는 모회사 고객이 아닌 일반인을 대상으로 마케팅했지만, 장기적으로 기존 은행과의 경쟁이 어렵다고 판단해 전략을 수정했다. 이후 모그룹 금융네트워크를 통한 마케팅 서비스에 주력, 모그룹의 고객과 밀착된 관계를 유지할 수 있는 상품과 서비스 개발에 전념하고 있다.

인터넷 전문은행 구축 비용

금융위원회는 인터넷 전문은행 설립을 위한 최소자본금을 500억 원으로 정했다. 하지만 실제 설립 비용은 최소자본금을 웃돌 것으로 예상된다. LG CNS, SK C&C 등 시스템통합SI 업체가 비대면 풀뱅킹 시스템을 구축하는 데만 최소 300억 원의 비용이 들어갈 것으로 추정된다. 여기에 더해 오프라인 지점의 한계를 극복하기 위해 마련돼야 할 ATM, 콜센터 구축 비용이 추가된다. 앞서 살펴봤듯 카카오뱅크와 K뱅크는 ATM을 보유한 시중은행, 편의점과 제휴를 맺어 구축 비용을 절감했다.

다른 금융기관에 돈을 보내고, 온·오프라인에서 카드 결제가 가능하도록 금융공동망에 참가하기 위해서는 가입비와 유지 비용도 필요하다. 아울러 은행이 도산하면 고객들에게 반드시 지급해야 할 최소 예금(5,000만 원)을 보장하기 위해서는 예금보험료를 내야 한다. 여기에 타 금융기관에 실명 확인 업무를 위탁하는 데 드는 비용까지 전부 포함한다면 최소 600억 원의 비용이 소요될 것으로 예상된다. 600억 원을 들여 인터넷 전문은행을 설립한다고 해도 은행이 시스템에 의해 굴러가기 전까지는 일정 정도의 고객 기반이 마련돼야 한다. 인터넷 전문은행은 신생 기업이므로 브랜드 인지도, 신뢰도가 낮아 예금과 고객 확보가 녹록치 않을 것으로 전망된다.

미국의 조사기관 주니터 리서치(Juniper Research)에 따르면 미국 인터넷 전문은행의 신규 고객 1인당 유치 비용은 평균 225달러였다. 10만 명의 고객을 확보한다고 가정하면 약 2,250만 달러가 드는 셈이다. 미국의 넷뱅크도 영업 초기 마케팅 비용이 고객 1인당 200달러 이상 소요된 것으로 추정했다. 2000년대 초반 미국에서 설립된 인터넷 전문은행들은 손익분기점을 넘길 수 있는 정도의 고객을 확보하기 위해 막대한 초기 마케팅 비용을 쏟아부었다. 손익분기점을 넘기기 위한 1인당 최소 필요 예금 예치 규모는 2만 2,500달러에 달한다는 분석도 나왔는데, 사정이 이렇다 보니 유동성 위기에 빠져 2년 만에 도산한 사례도 있다.

보안 투자도 상당한 비용을 유발할 전망이다. 미국 전자금융 사고 피해 규모는 2014년 말까지 약 3조 원에 달한다고 한다. 전자금융사기 피해는 2016년 4만 5,921건(1,924억 원), 2017년 5만 13건(2,431억 원), 2018년 7만 218건(4,440억 원), 2019년 7만 2,488건(6,720억 원) 등으로 증가세를 보이고 있다.

인터넷 전문은행은 아니지만 미국 JP모건체이스는 매년 2,000억 원의 예산을 전자금융 보안에 투자하고 있다. 이에 페이팔은 이스라엘의 사기거래탐지시스템(FDS) 전문 보안회사(프로드 사이 언스)를 1억 6,900만 달러(1,850억 원)에 인수하기도 했다.

일본의 경우, 인터넷 전문은행들은 2년 7개월에서 최장 8년 9개월의 적자 시기를 거쳐 비로소 순익을 내기 시작한 것으로 알려졌다. 국내에서 인터넷 전문은행을 출범시키는 기업도 이 정도의 기간 동안 들어갈 투자 비용을 감내할 정도로 체력이 튼튼해야 한다. 제1호 인터넷 전문은행에 도전장을 내밀었던 인터파크 그랜드 컨소시엄이 설립 자본금을 거금 3,000억 원으로 책정한 것도 이 때문이다.

지금까지 언급한 비용이 전부가 아니다. 고객을 끌어오기 위한 참신한 금융서비스를 고안해내는 데 드는 투자 비용도 만만치 않다. 인터넷 전문은행이 성공적으로 자리 매김 하기 위해서는 이용자 편의성을 극대화한 UI, UX 개편, 빅데이터와 인공지능을 활용한 맞춤형 금융 상품 개발과 고객 응대 등 혁신적인 금융 서비스를 제공해야만한다. 금융위원회가 제시한 500억 원은 말 그대로 최소 비용에 불과하다.

인터넷 전문은행의
산업 규모

―――――

순이익 실현까지? 일본 평균 4년 11개월 vs. 한국 3년

일본은 2000년 재팬넷뱅크가 설립되면서 인터넷 전문은행의 역사를 쓰기 시작했다. 처음부터 장밋빛 성장을 했던 것은 아니다. 일본 주요 인터넷 전문은행은 설립 이후 평균 4년 11개월 동안 '돈 까먹는' 회사였다. 우리금융경영연구소의 조사에 따르면, 지난 2001년 7월 설립된 인터넷 전문은행 라쿠텐뱅크는 순이익을 실현하기까지 무려 8년 9개월의 시간이 소요됐다. 재팬넷뱅크는 6년 7개월, 소니뱅크는 4년 10개월, 지분뱅크는 3년 10개월, 세븐뱅크는 3년이걸렸다. SBI스미신넷뱅크가 2년 7개월 만에 순이익을 실현해 가장빨랐다. 순이익을 실현하는 데 이처럼 시간이 걸리는 이유는 예금과 대출의 균형을 맞추기까지 일정 시간이 필요하기 때문이다.

【표】 일본 인터넷 전문은행 순이익 실현 소요기간

구분		재팬넷	세븐	소니	라쿠텐	SBI넷	지분
설립일		2000. 9.	2001. 4.	2001. 6.	2001. 7.	2007. 9.	2008. 7.
순이익 실현	소요 기간	6년 7개월	3년	4년 10개월	8년 9개월	2년 7개월	3년 10개월
	달성 시기	2007. 3.	2004. 3.	2006. 3.	2010. 3.	2010. 3.	2012. 3.

자료: 우리금융경영연구소

김종현 우리금융경영연구소 연구위원은 "은행이 자금중개 활동으로부터 안정적 수익을 얻기 위해서는 자산인 대출금의 만기와 부채인 예금의 만기가 균형을 이뤄야 한다"고 설명했다.

카카오뱅크는 2019년 당기순이익 137억 원을 거둬 흑자전환했다. 출범 첫해인 2017년에는 1천45억 원 적자, 2018년엔 201억 원 적자를 기록한 뒤 3년째인 2019년 흑자로 돌아섰다. 2019년 말 기준 총자산은 22조 7,000억 원으로 직전해보다 86퍼센트 증가했다. 국제결제은행(BIS) 자기자본비율은 13.48퍼센트였다. 수신액은 20조 7,000억 원, 여신액은 14조 9,000억 원이었다. 고객 수는 1,128만 명이었다. 카카오뱅크는 흑자 전환 배경으로 신규 대출 증가로 인한 이자 수익 증가를 꼽았다. 2019년 12월 기준 여신 잔액은 14조 8,803억 원으로 전년(9조 826억 원)보다 5조원 이상 늘어났다. 수수료 등 비이자이익 수익이 늘어난 점도 흑자 전환 비결로 분석된다. 카카오뱅크가 한국투자증권과 손잡고 선보인 '주식계좌 개설 서비스'는 2019년 12월 기준 113만 7,000좌를 넘어서면서 수수료 수입도 늘어났다. '연계대출' 상품도 수수료 증가에 한몫했다. 연계대출은 카카오뱅크에서 한도가 다 찼거나 신용도가 낮아 대출을 받을 수 없는 고객에게 저축은행·캐피털 등 제2금융권의 한도·확정금리를 제안하는 서비스다. 이 과정에서 카카오뱅크는 수수료를 받는다.

케이뱅크도 2017년 출범한 이후 4년 만에 처음으로 분기 흑자 전환에 성공했다. 2021년 2분기 잠정 당기순이익은 39억 원을 기록했는데, 1분기 당기순손실 123억 원을 감안하면 상반기 누적 손실은 84억 원이다. 2020년 같은 기간 손실액(440억 원)과 비교하면 손실 규모가 5분의 1 수준으로 떨어졌다. 케이뱅크 흑자 비결은 외형 성장이다. 2021년 상반기에만 고객 400만 명이 늘어 6월 말 기준 고객 수가 619만 명을 넘어섰다. 같은 기간 수신잔액은 7조 5,400억 원 증가한 11조 2,900억 원, 여신잔액은 2조 1,000억 원 늘어난 5조 900억 원을 기록했다. 상반기 순이자이익은 전년 같은 기간보다 약 3.8배 증가한 709억 원으로 집계됐다. 자금조달 비용이 줄고, 100퍼센트 비대면을 앞세운 아파트담보대출 누적 취급액이 출시 10개월 만에 7,000억 원을 넘어선 영향이다. 비이자이익도 가상화폐 거래소 업비트와의 제휴로 크게 늘었다.

어디까지 성장할까?

향후 국내 인터넷 전문은행의 산업 규모는 어느 정도까지 커질까? 미국 은행산업에서 인터넷 전문은행이 차지하는 비중을 한국에 그대로 대입해보자.

2014년 9월 말 기준으로 미국 인터넷 전문은행 약 20개사의 미국 전체 은행산업 대비 총자산은 3.9퍼센트, 총예금은 4.3퍼센트, 당기순이익은 6.9퍼센트의 비중을 차지하고 있다. 상호금융을 포함한 국내 은행의 총예금은 2,791조 원, 총대출은 1,564조 원, 순이익은 8조 8,000억 원이다. 미국 인터넷 전문은행의 비중을 각각 대입하면 한국 인터넷 전문은행은 예금은 77조 원, 대출은 76조 원, 당기순이익은 연간 6,000억 원인 회사로 발전할 것으로 전망된다.

IBK투자증권이 미국에 더해 일본의 사례까지 반영한 국내 인터넷 전문은행의 시장 규모를 계산한 결과, 13년 뒤에는 총자산 47조 1,000억 원에 당기순이익은 연간 4,000억 원 수준으로 성장할 것이라고 내다봤다. 이는 현재 미국과 일본의 인터넷 전문은행 시장이 차지하고 있는 점유율을 토대로 계산한 수치이며, 설립 이후 13~14년이 경과한 시점에서야 기대해볼 수 있는 결과라고 한다. 이때 미국 인터넷 전문은행의 총자산은 6,050억 달러(735조 750억 원, 각국의 전체 은행에서 인터넷 전문은행이 차지하는 점유율은 3.9%), 일본은 8,963억 엔(9조 2,666억 원, 점유율 1.0%)을 기준으로 했으며, 당기순이익은 각각 108억 달러(13조 1,220억 원, 7.0%), 46억 엔(476억 원, 1.3%)을 근거로 삼았다.

하지만 인터넷 전문은행이 전체 은행에서 차지하는 비중은 미국과 일본에서보다 한국에서 더 높아질 것으로 예상된다. 곧, 총자산 47조 1,000억 원, 연간 순이익 4,000억 원을 상회할 가능성이 있다는 것이다. 가장 큰 이유는 1, 2세대 인터넷 전문은행을 중심으로 발달한 미국과 달리 한국은 인터넷뱅킹, 모바일뱅킹 등을 핵심 동력으로 삼는 3세대 인터넷 전문은행을 기반으로 성장할 것으로 점쳐지기 때문이다.

【표】 금융서비스 전달채널별 업무처리비중: 입출금 및 자금이체 거래기준

	창구	CD/ATM	텔레뱅킹	인터넷뱅킹	전체
2017	10.0	34.7	9.9	45.4	100.0
2018	8.9	30.6	8.0	52.6	100.0
2019	8.2	27.2	6.4	58.2	100.0
2020	7.3	21.6	5.3	65.8	100.0

2005년 12월 한국은행이 첫 조사를 시작한 금융서비스 전달 채널별 업무 처리 비중을 입출금 거래 기준(입금, 출금, 자금이체 등의 실적)으로 봤을 때, CD/ATM이 42.8퍼센트로 가장 높았으며, 인터넷뱅킹(18.6%), 대면(창구) 거래(26.3%), 텔레뱅킹(12.3%) 순이었다.

2020년 현재 인터넷뱅킹이 65.8퍼센트로 가장 높았다. 인터넷뱅킹을 이용한 입출금 거래 기준 업무 처리 비중은 2005년 12월 18.6퍼센트에서 2017년 45.4퍼센트, 2019년 58.2퍼센트, 2020년 65.8퍼센트까지 급격히 늘어나고 있다. 대면(창구)거래는 2005년 26.3퍼센트에서 2017년 10.0퍼센트, 2019년 8.2퍼센트, 2020년 7.3퍼센트로 하락세가 가파르다. CD/ATM 거래가 차지하는 비중은 2005년 42.8퍼센트에서 2020년 21.6퍼센트로 절반으로 줄었다.

15년 전 은행 점포를 방문해 업무를 처리하던 금융소비자는 4분의 1 수준으로 줄어들었다. 점포에서 사라진 그 고객들이 고스란히 컴퓨터 앞에 앉거나 스마트폰을 부여잡고 금융 업무를 처리하고 있다. 무점포를 모토로 하는 인터넷 전문은행이 성장하기 좋은 환경이 열리고 있는 셈이다.

특히 인터넷뱅킹 중 모바일뱅킹의 비중이 급성장하고 있다. 2006년 12월 인터넷뱅킹 중 모바일뱅킹 이용 금액이 차지하는 비중(일평균 기준)은 0.5퍼센트였는데, 2020년 15.4퍼센트까지 크게 증가했다. 이용 건수를 기준으로 보면 같은 기간 3.5퍼센트에서 77.5퍼센트로 폭발적으로 증가했다.

3세대 인터넷 전문은행인 한국의 인터넷 전문은행은 1, 2세대 인터넷 전문은행에 비해 모바일 핀테크 기술에 강점을 갖고 있다. 모바일뱅킹 이용 금액의 증가 추세를 볼 때 한국 인터넷 전문은행은 빠르게 성장할 것으로 점쳐진다. 아울러 미국, 일본 시장에 비해 한국 인터넷 전문은행의 성장 가능성이 더 높으리라 예측할 수 있는 것은 기존의 한국 금융기관이 기존의 선진국 금융기관에 비해 효율성이 떨어지기 때문이다. 강성 금융노조가 그 비근한 예다. 하지만 인력이 적은 인터넷 전문은행은 강성 노조에 대한 리스크가 덜하다. 또한 한국 인터넷 전문은행에게는 국내 1금융권의 보신주의, 2금융권의 무능으로 비어 있는 수익 모델인 중금리 대출 시장이 있다.

한국 인터넷 전문은행이 활성화된다면 기존 금융권 신용대출 시장의 19퍼센트 수준까지 침투할 수 있을 것으로 예측된다. 이는 시장가치 기준(자본)으로 총 7조 3,000억 원 규모다. 인터넷 전문은행의 적정 개수는 9개로 보고 있다. 다만 국내 금융산업의 특성을 반영했을 때 수치는 여러모로 조정될 여지가 있다는 게 전문가들의 분석이다. 크게 규제 환경, 경제 환경, 고객 기반 등이 변수로 거론된다.

우선 국내는 까다로운 인가 과정과 규제 환경이 존재한다. 인가 절차가 복잡하고 규제가 많을수록 인터넷 전문은행 시장이 성립하고 확장되기 힘들다. 현재 금융당국은 인터넷 전문은행을 중심으로 규제의 패러다임 변화를 외치고 있다. 이에 대해서는 제6장 '인터넷 전문은행의 선결과제: 규제 완화'에서 자세히 다루도록 하겠다.

다음은 경제 환경 측면이다. 한국 경제 환경이 녹록치 않으면 국내 금융산업의 일원인 인터넷 전문은행의 성장 가능성도 그만큼 줄어들 수밖에 없다. 실제 한국 금융산업은 현재 저성장, 저금리로 수익성이 둔화되고 있다.

한국은행에 따른 한국 경제성장률은 2017년 3.2퍼센트, 2018년 2.9퍼센트, 2019년 2.2퍼센트로 낮아지고 있다. 또 기준금리는 0.5퍼센트로 역대 최저치를 기록 하고 있는 실정이다. 아울러 고객 기반 측면의 리스크가 상존한다. 모바일을 중심 채널로 삼는 만큼 자산이 없는 젊은층 고객을 흡수하는 데는 큰 무리가 없을 것으로 짐작된다. 다만 고연령층 자산가로 외연을 쉽사리 넓힐 수 있을 것으로는 생각되지 않는다. 개인정보 유출 문제, 온라인 점포의 접근성 측면에서 자산가층 고객들은 인터넷 전문은행을 이용할 유인이 그리 크지 않기 때문이다.

글로벌 진출은 성공할 것인가?

시중은행은 성장 가능성이 점쳐지는 동남아 시장에 꾸준히 러브 콜을 보내고 있다. 하지만 성공 모델을 만들어냈다고 자평하는 곳은 신한베트남은행 정도다. 신한베트남은행의 2021년 상반기 순이익이 전년 대비 비슷한 수준인 585억 원을 기록했다. 시기를 놓치는 바람에 동남아 시장에서 적합한 인수합병 매물을 찾지 못하고 있는 것이다. 국내 시중은행은 해외에서 한국의 대부업과 같은 마이크로파이낸스 사업 정도만을 영위하고 있는 형국이다.

한국의 인터넷 전문은행은 성장 가능성이 높은 것으로 보이는 국내 시장을 넘어 궁극적으로는 글로벌 진출을 지향해야 한다. 국내 무대에서 성장 가능성이 높을 것으로 점쳐지지만 지향점은 국내에 머물러서는 안 된다. 한국의 성장세가 주춤하고 있는 것은 금융산업에서 취할 수 있는 전체 파이가 그만큼 커지지 않는다는 사실을 의미한다. 인터넷 전문은행도 언젠가는 국내에서 성장하는 데 한계치를 경험하게 될 것이다. 제1호 인터넷 전문은행인 카카오뱅크가 텐센트와 같은 주주를 확보했지만, 중국 진출에는 넘어야 할 장벽이 많다. 기존 은행의 방식으로는 승산이 없다. 그렇다면 어떤 방안이 있을까?

현재로서는 은행 형태가 아닌 메신저 등 모바일 서비스 혹은 모바일 핀테크 서비스 등으로 현지화한 뒤 현지 은행을 인수합병해 금융산업에 우회 진출하는 방안이 가장 유력해 보인다. 카카오는 2016년 음원 회사 멜론(로엔엔터테인먼트)을 인수했는데, 이는 아이유가 소속된 콘텐츠 업체이기도 하다. 동남아 시장에서 한류의 힘이 여전한데, 한류 콘텐츠를 카카오라는 플랫폼에 태워 세계로 진출하면 시간을 두고 금융서비스도 뿌리내릴 수 있을 것이다. 동남아에서 카카오뱅크가 아이유를 내세워 마케팅을 한다면…… 삼촌 팬심을 자극하지 않을까?

한편으로는 네이버처럼 한국이 아닌 해외에서 곧바로 인터넷 전문은행을 설립하는 방안이 있다. 가장 현실적이고 이상적인 방식 아닐까 생각한다. 네이버의 메신저 '라인'의 2015년 11월 글로벌 월간 이용자 수(MAU)는 2억 1,200만 명에 달한다. 일본, 타이완, 타이, 인도네시아 등 4개국의 이용자 비중은 65퍼센트이며, 월간 활성 이용자 수는 1억 3,760만 명에 달해 사실상 각국의 국민 메신저 역할을 하고 있다. 일본은 인터넷 전문은행이 발달해 있지만, 앞서 언급했듯 1세대와 2세대에 한정되어 있다. 네이버는 이 같은 기반 아래 2019년 5월 일본에 인터넷전문은행 설립을 본격적으로 착수해 2022년 설립을 목표로 막바지 작업을 진행 중이다. 라인 자회사인 라인 파이낸셜과 일본 미즈호 파이낸셜 그룹이 함께 하는 것.

라인은 2020년 태국에 인터넷 전문은행(라인BK)을 설립했고, 대만(라인뱅크), 인도네시아(라인뱅크)까지 확장해왔다. 이 중에서 인도네시아 라인뱅크는 한국의 하나금융그룹과 함께만든 회사로, 정식 서비스 이름은 라인뱅크 바이 하나은행이다.

네이버의 인터넷전문은행은 비대면 계좌개설은 물론, 라인 메신저와 연동한 자동 입출금 알림 서비스, 카드 없이 현금을 인출할 수 있는 서비스, 공과금 납부 서비스 등을 제공하고 있다.

인터넷 전문은행의 글로벌화에 대해서는 ING다이렉트의 해외 확장 사례를 본받을 만하다. 이 회사는 1990년대 초중반부터 일찌 감치 인터넷 전문은행의 해외 확장을 준비해왔다. 글로벌 시장 공략을 위해 모기지 등 주요 상품을 개발하고 서버, 웹 인터페이스 등의 IT 인프라를 구축했다. 콜센터와 같은 고객 대응 채널과 대규모 거래를 대비한 사전 테스트도 마쳤다. 1997년 캐나다를 초기 시험 무대로 삼았으며, 1999년 호주, 스페인, 2000년 미국, 프랑스, 2001년 이탈리아, 2003년 영국, 2004년 독일, 오스트리아 등으로 확장해나갔다. 이 은행은 타 국가 진출 시 캐나다와 동일한 IT 인프라를 사용해 비용과 인프라 구축 시간을 단축했다.

INTERNET
ONLY
BANK

3장

왜 인터넷 전문은행인가

인터넷 전문은행의 역사

1990년대에 시작된 인터넷 뱅킹

인터넷 전문은행의 구(舊)버전, 인터넷뱅킹디지털 시대에는 은행에 갈
필요가 없다. 입금 대출 조회 등 기존의 은행 서비스를 모두 PC가 대신할
수 있기 때문이다. 통신 기능을 지닌 컴퓨터가 이제는 돈까지 끌어모으고
있다. 이에 따라 디지털 시대의 은행은 안방의 PC 그 자체가 될 가능성이
높다. (……) 2년 전에 문을 연 가상은행 시큐리티 퍼스트 네트워크 뱅크
SFNB는 하루 24시간 연중무휴로 운영된다.

– "'24시간 은행' 소매금융 대혁명",《매일경제》, 1998년 1월 5일자 43면.

1999년 7월 한국통신(현 KT)과 신한·한미·한빛·주택·국민·기업

· 광주·농협·하나은행 등 9개 시중은행은 인터넷뱅킹시스템(www. banktown.com) 서비스(브랜드명 '뱅크21')를 출시한다. ICT와 금융이 결합한 최첨단 서비스 인터넷뱅킹의 시작이었다. 20세기 말 당시만 하더라도 인터넷뱅킹의 등장은 사회적 파장을 불러일으킬 만한 일이었던지, 국가정보원까지 나섰다. 국정원은 "인터넷뱅킹 심의 문제를 금융감독원에 일임한다"고 했다. 현재의 관점에서는 굳이 낄 필요가 없어보이지만 당시는 인터넷뱅킹이 국가 보안 차원의 문제였던 것 같다. 인터넷뱅킹과 1999년 이전에 출시된 PC뱅킹의 차이는 마우스를 이용한다는 점과 거래실적을 일괄적으로 정리할 수 있다는 점이었다. 인터넷뱅킹은 1996년 5월 국민은행이 한국통신과 손잡고 가상은행 시범 서비스를 론칭한 것이 시초다. 가상은행 서비스를 이용하는 고객은 계좌이체, 조회, 상품 안내 등을 받을 수 있으나 제약이 많았다. 우선 한국통신의 공중기업통신망(CO-LAN)에 가입하고 PC도 갖고 있어야 했다. 1996년 8월에는 14개 시중은행들이 가상은행 시범 서비스 도입을 위해 한국통신과 가상은행 시스템 개발 협약을 체결하기에 이르렀다. 조흥은행(현 신한은행)과 대구은행도 뒤이어 1996년 11월 3차원(3D) 애니메이션 기법을 이용한 가상은행 시범 서비스를 출시했다.

2000년 3월 말을 기준으로 21개 국내 은행(산업은행, 수출입은행 제외) 가운데 인터넷뱅킹 서비스를 제공하는 은행은 16곳, 휴대폰을 이용하는 모바일뱅킹 서비스를 제공하는 은행은 6곳이었다. 21 개 국내 은행이 인터넷뱅킹 시스템 구축을 위해 투입한 예산 규모 는 1999년부터 3년간 3,497억 원에 달했다. 2000년에만 1,164억 원 이 투입될 전망이었는데, 이는 전 은행 전산 예산의 8.2퍼센트에 달 했다. 특히 인터넷뱅킹 이용자 수는 1999년 말 12만 3,652명에서 2000년 3월 말 46만 9,867명으로 증가률이 무려 280퍼센트였다. 이 용 건수도 2000년 3월 480만 건으로, 1999년 월평균 이용실적 대비 6배 증가 했다.

인터넷뱅킹 이용자가 빠르게 증가할 수 있었던 것은 '수수료 혁 신' 때문이었다. 당시만 하더라도 창구에서 자금이체를 하면 최대 7,500원의 수수료를 내야 했다. 반면 인터넷뱅킹을 이용하면 500원 만 내면 됐다. 또 인터넷 대출의 경우 약 0.5퍼센트포인트가량 낮은 이율이 적용돼 고객을 끌어모으기 좋았다.

한편 과거 기사에서 인터넷뱅킹을 무점포를 기반으로 한 인터 넷 전문은행과 혼동해서 쓰고 있다는 점을 발견할 수 있다. 그렇다 면 왜 인터넷 전문은행은 인터넷뱅킹과 혼동의 대상에 불과했던 것 일까. 미국에서는 1995년 10월 인터넷 전문은행이 출시됐고, 일본 에서는 2000년 상반기 사쿠라뱅크와 제조사 후지쯔, 이동통신사 NTT도코모가 합작한 재팬넷뱅크가 출범했는데, 왜 한국에서는 인 터넷 전문은행이 태동하지 못했던 걸까.

우선 IMF 직후였기 때문에 인터넷 전문은행 설립에 총대를 멜 주체가 없었다. 한보, 삼미, 진로, 대농, 한신공영, 기아, 쌍방울, 태일 정밀, 해태, 뉴코아, 한라그룹, 고려증권, 거평그룹 등 줄줄이 부도 가 났다. 동화, 동남, 대동, 경기, 충청 등 5개 시중은행도 폐쇄됐다. 이 같은 어두운 분위기에서 새로운 은행 라이선스를 확보하겠다는 민간의 수요도, 새로운 은행 라이선스를 제공하겠다는 정부의 정책 판단(공급)도 없었다. 그나마 정부기관인 한국통신 주도하에 은행들 이 모여 추진한 현실적인 조치가 인터넷뱅킹이었다. 따라서 인터넷 뱅킹은 당시의 현실을 반영한 한국판 인터넷 전문은행과 크게 다르 지 않았다고 볼 수도 있다. 과거 기사에서 인터넷뱅킹을 인터넷 전 문은행과 혼용해 쓴 것은 이 때문이다. 계속해서 살펴보겠지만 이 같은 국가적 위기, 더 나아가 글로벌 위기 등은 인터넷 전문은행 설 립을 지연시키는 요소로 작용해왔다.

모바일뱅킹의 역사

모바일뱅킹은 1999년 11월 한미은행과 농협중앙회가 최초로 도입한 것으로 알려져있다. 이후 2000년 1월 조흥은행, 2000년 3 월 국민·한빛·외환은행 등 6개 은행으로 모바일뱅킹이 확대됐다.

2000년 12월에는 총 21개 시중 은행 가운데 17개 은행에 보급됐다. 당시에는 휴대전화 및 개인용정보단말기(PDA)와 인터넷을 결합해 금융거래에 이용하는 것을 모바일뱅킹이라 정의했다. 모바일뱅킹을 통해 이용할 수 있는 금융서비스는 예금잔액조회, 거래명세조회, 자금이체 등 기초적인 수준이었다. 자금이체 수수료는 인터넷뱅킹 수수료와 동일한 500원이었다.

모바일뱅킹 초기에 도입된 방식은 IC(Integrated Circuit)칩 방식이었다. 뱅크온BankON, M뱅크, K뱅크 서비스 등으로 불렸는데, 인터넷뱅킹용 IC칩이 내장된 이동통신기기를 이용해야만 사용이 가능했다.

모바일뱅킹 서비스 이용실적은 2000년 9월부터 공식적으로 집계되기 시작했다. 당시 이용실적은 20만 5,450건으로 금액은 10억 7,200만 원이었다. 이 중 자금이체의 경우, 모바일뱅킹을 도입한 17개 은행의 한 달간 처리실적은 1,746건에 불과했다. 당시 한국은행은 이용 부진의 원인으로 ① 단말기 보조금 폐지에 따른 인터넷 접속 가능한 휴대전화 보급의 저조, ② 문자 입력 사항 과다 등 복잡한 단말기 조작 절차, ③ 은행 전산시스템과 이동통신 시스템을 연계해 다양한 서비스를 제공할 수 있는 통합 금융 솔루션 부재 등을 꼽았다. 한마디로, 모바일뱅킹을 활용할 수 있는 인프라가 전혀 구축돼 있지 않았던 것이다.

모바일뱅킹은 '버츄얼 머신(VM) 방식'이 도입된 이후 상승세를 탔다. VM 방식은 인터넷뱅킹용 프로그램을 이동통신기기에 설치해 인터넷뱅킹을 이용하는 것이다. 은행 영업점, 홈페이지에서 VM 모바일뱅킹에 가입한 뒤 문자메시지로 받은 주소에 접속해 전용프로그램을 다운로드 받으면 된다. IC칩이 필요하지 않아 속도가 2배는 빨라졌다. 2007년 4월 우리은행이 VM 방식 모바일뱅킹 서비스를 활성화한 이래 SC제일은행(10월), 하나은행(11월), 농협은행(12월) 등 서비스를 제공하는 은행이 늘어갔다. 2007년 이용자 59만 7,000명으로 시작한 VM 방식은 2010년 8,561만 명으로 빠르게 증가했다. 반면 같은 기간 IC칩 방식을 이용하는 사용자 수는 4,412만 명에서 4,579만 명으로 소폭 상승해 성장세가 꺾이고 있었다. 전체 모바일뱅킹 이용 건수는 2007년 71만 6,000건에서 2010년 284만 7,000건으로 급증 했고, 이용 금액도 1,061억 원에서 4,087억 원으로 빠르게 증가했다.

모바일 뱅킹에 대한 확실한 수요는 입증되었으나 이를 뒷받침해 줄 '물건'이 없었다. 그러다 2009년 11월, 드디어 고객의 갈증을 풀어줄 해결자가 나타났다. 아이폰이 국내에 출시된 것이다. 시중은행들은 곧장 스마트폰 모바일뱅킹 시스템 구축을 진행했다. 아이폰은 국내 출시 2주 만에 10만 대가 판매되는 큰 호응을 얻었다. 한국은행이 은행권과 공동으로 스마트폰 모바일뱅킹 시스템 구축 사업을 추진해온 결과, 2010년 4월 말부터 9개 은행이 삼성 옴니아폰을 대상으로 예금조회, 모바일뱅킹 서비스를 실시하기로 했다.

모바일뱅킹으로 사용할 수 있는 서비스는 예금조회 및 이체, 신용카드 결제, 지로납부, 부가 서비스 등 종전에 비해 다양해졌다. 그해 5월에 아이폰, 7월에는 안드로이드폰이 잇따라 출시됐다. 2009년에 1만 3,000명에 불과했던 스마트폰 기반 모바일뱅킹 등록 고객 수는 2010년 260만 9,000명으로 1만 9,969퍼센트 폭증했다. 2011년 1,035만 8,000명을 기록하면서 1,000만 명의 고지를 넘어섰고, 2015년 9월 말 6,075만 5,000명으로 매년 증가했다. 2014년 말 기준으로 전체 인터넷뱅킹 등록 고객 중 모바일뱅킹 등록 고객이 차지하는 비중(58.2%)은 이미 절반을 넘어섰다.

반대로 IC칩 방식, VM 방식은 2015년 9월 362만 4,000명, 817만 7,000명이 각각 가입돼 있지만 실질적인 이용 고객 수가 등록 고객 수에서 차지하는 비중은 1퍼센트, 1.2퍼센트에 불과한 실정이다. 특히 VM 방식은 2015년 말을 기점으로 전면 종료됐다. 이제는 모바일 뱅킹 없는 세상을 상상하기 어려워졌다.

번번이 수포로 돌아간 인터넷 전문은행

　한국에서는 과거 세 차례에 걸쳐 인터넷 전문은행 설립 논의가 있었다. 2000년에는 민간 금융기관을 중심으로 인터넷 전문은행 설립을 추진했으며, 이듬해에는 벤처기업과 대기업 등 산업자본들이 주체가 돼 움직임을 보였다. 2008년에는 금융당국이 나서서 인터넷 전문은행을 설립하기 위한 자금 규모, 업무 영역 설정 등을 다뤘다.

　2000년에는 주택은행, 국민은행, 조흥은행, 한미은행, 하나은행 등 주요 은행들과 현대해상 같은 보험사, 동양종금, 리젠트종금과 같은 종금사 등에서 미국 컴퓨뱅크(CompuBank), 영국 에그뱅크와 같은 인터넷 전문은행 설립을 추진했다. 특히 하나은행은 롯데그룹, SK그룹, 인터넷금융 전문업체 웹케시 등과 '한국인터넷은행(가칭)'을 만들고자 했다. 가상계좌 서비스 수수료, 이체수수료, e-카드 수수료, 인터넷뱅킹 대행수수료 등을 주 수입원으로 하는 신사업을 계획했던 것이다. 현대해상은 대우증권과 함께 'e뱅크(가칭)' 론칭을 염두에 두고 있었다. 하지만 해외 사례에서 보듯 고금리로 고객을 끌어들이기는 쉬우나 주요 대출처는 발굴하기가 어려웠다. IMF 직후라 시중은행들도 못미더운데 누가 인터넷 전문은행에서 돈을 빌리려 하겠는가. 결국 이해관계자들은 수익성을 확보할 수 없다고 판단해 자체적으로 더 이상의 추진을 보류했다.

2001년 당시 SK텔레콤, 롯데그룹, 코오롱 등 대기업과 안철수연구소, 이네트퓨처 등 벤처기업 컨소시엄이 합작해 인터넷 전문은행 브이뱅크 설립을 추진했다. 하지만 정부 당국의 미온적인 태도와 금융실명제라는 높은 규제의 벽, 현금 입출입망 확보의 문제, 금산분리 및 대주주 지분 제한 등을 이유로 브이뱅크는 출발하기도 전에 좌초되고 말았다.

2008년에는 제1금융권인 홍콩상하이은행HSBC, 산업은행 등이 지점망의 열세를 극복하기 위해 인터넷 전문은행 설립을 추진했다. 또 카드업계, 키움증권 등에서도 교차판매 시너지, 은행 공동망 이용 등을 이유로 설립에 적극적인 반응을 보였다. 이 밖에 금융 전문 전산업체인 스타뱅크(전자어음 및 전자세금계산서 취급업체), KIBNet(ATM 기기 전문업체) 등이 축적된 고객 기반 및 금융 노하우를 위해 인터넷 전문은행 설립을 고려했으며, 기타 일반 비금융기업도 지급결제 수수료 절감 차원에서 검토한 바 있다. 정부 당국도 이와 같은 열기에 최소자본금을 500억 원 이상으로 설정하고, 제한적·선별적으로 업무의 허용 범위를 정해주기도 했다. 오프라인 영업점 및 CD/ATM 설치를 허용하고, 지급결제 시스템에 참가하도록 하며, 예금보험료 부과 대상에 포함하는 등 구체적인 논의가 이루어지기도 했다.

그러나 미국발 글로벌 금융위기 직후 인터넷 전문은행 설립에 대한 사회적 공감대를 형성하기에 어려움이 있었고, 본인 실명확인 및 금산분리 규제가 또다시 발목을 잡아 설립은 끝내 무산되고 말았다.

인터넷 전문은행, 역사 속에 이름 한번 올리기가 참 쉽지 않았다.

왜 인터넷
전문은행인가

1) 고객 편의 극대화

그렇다면 왜 이 시점에서 우리는 인터넷 전문은행을 외쳐야만 할까?

지금처럼 인터넷 전문은행이 설립되기 전, 이 분야에 가장 밝은 사람 중 하나인 시중은행에서 IT 기획·개발을 담당하고 있는 고위 임원들을 만날 때마다 이런 질문을 던져봤다. 혹자는 "고객들에게 다양한 서비스를 제공함으로써 선택의 폭을 넓혀줄 수 있기 때문"이라고 말했다. 또 다른 사람은 "궁극적으로는 고객들에게 혜택이 돌아가기 때문"이라고도 했다.

이들 말처럼 인터넷 전문은행이 더욱 더 확산, 보급되면 고객 편의가 극대화될 공산이 크다고 생각한다. 사실 인터넷 전문은행까지 안 가도 이미 편리해진 세상이 됐다. 새삼 인터넷 전문은행의 물 꼬를 튼 대표적인 사례인 뱅크월렛카카오가 떠오른다. 이 서비스는 2014년 11월 출시됐다. (카카오페이 출시 덕분에 종국에는 서비스가 역사 속 으로 사라졌으나) 서비스 출시 1년 새 가입자 수 약 90만 명, 누적거래 액 약 150억 원을 기록했다.

뱅카를 기억하는 고객이라면 알 것이다. 최초 비밀번호 4자리, PIN 비밀번호 6자리만 누르면 카톡을 보내듯 돈이 송금됐다. 공인인 증서가 필요 없어져 파격이었다. 계좌번호 대신 사람 전화번호에서 사람을 찾듯 이름을 검색하기만 하면 됐다. 심지어 수수료도 내지 않 아도 됐다. 시중은행들이 모두가 600원씩 돈을 받던 시절이었다.

덕분에 뱅카 이후 토스, 옐로페이 등 다양한 모바일지갑 서비스 들이 다시금 주목받았다. 이용자들은 송금, 직불결제 서비스를 보 다 더 간편하게 이용할 수 있게 됐다. 비록 뱅카는 일일 송금한도 10만 원, 충전한도 50만 원 등의 제약으로 활성화되지 못했으나 이 같은 긍정적인 파급효과를 낸 셈이다.

인터넷 전문은행은 모바일을 기반으로 24시간 365일 운영한다. 카드 분실과 같은 상담을 시간에 구애받지 않고 요청할 수 있고, 금 융 상담은 친구와 카톡하듯 받아볼 수 있게 된다. 자연스럽게 금융 소비자의 이용 편의가 늘어났고 금융생활은 혁신적으로 바뀌었다.

비용 절감 효과도 일어났다. 점포가 없는 인터넷 전문은행은 인건비, 유지비 등을 아껴 금융 소비자에게 금리, 수수료 우대로 돌려준다. 일본의 일반 시중은행들이 연 0.025퍼센트의 금리로 정기예금 상품을 제공하는 반면 인터넷 전문은행들은 연 0.2~0.3퍼센트의 금리를 제공할 수 있는 것도 이 때문이다. 미국 디스커버뱅크가 조사한 내용에 따르면, 인터넷 전문은행은 시중은행에 비해 이자율이 거의 5배 정도 높다고 한다. 제1호 인터넷 전문은행 인가를 받은 K뱅크도 출범 당시 일반 은행보다 최대 연 1.2퍼센트포인트 금리를 더 제공한다는 입장을 밝혔다. 카카오뱅크는 결제액의 1퍼센트를 적립금으로 돌려준다는 방침을 세웠다.

마지막으로 빅데이터를 활용한 맞춤형 서비스 이용이 가능하게 돼 금융 소비자들이 최적화된 금융서비스를 받아볼 수 있게 된다. 중국 텐센트의 위뱅크처럼 고객 재무 정보와 SNS상의 빅데이터를 활용해 신용위험도를 평가하면 무엇보다도 중금리 신용대출이 활성화된다. 저신용자들이 자금 수혈을 할 수 있는 곳을 찾지 못해 고금리 대부업체로 무작정 내몰리는 현상을 막을 수 있다는 말이다.

시중은행들은 '모바일 전문은행'이라는 이름으로 새로운 브랜드의 뱅킹 앱을 줄줄이 선보였다. 이들의 공통적인 특징은 중금리 대출상품을 내놓는다는 것이다. 인터넷 전문은행은 출시가 되기도 전에 금융시장에 고객 편의라는 경쟁 효과를 가져왔다.

2) 성장 모멘텀

고객 편의 극대화는 금융 소비자 관점에서 바라본 인터넷 전문은
행의 설립 의의다. 이번에는 관점을 금융기관으로 옮겨보자.

한국의 금융산업은 1997년 IMF 위기에 이어 2008년 글로벌 금
융위기라는 큰 고비를 두 번이나 넘기면서 체질은 강화됐지만 지속
적으로 우상향하는 수익성을 만들어내지는 못하고 있는 실정이다.
2014년 국내 은행의 당기순이익은 2011년 12조 원에서 2013년 4
조 원으로 크게 하락한 뒤 2018년 15조 원, 2019년 12조 원으로 회
복했다.

은행 총자산 이익률 추이

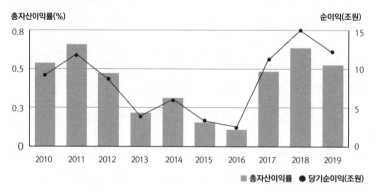

	2011	2012	2013	2014	2015	2016	2017	2018	2019
총자산이익률	0.7	0.5	0.2	0.3	0.2	0.1	0.5	0.6	0.5
실질총자산(조원)	1,769	1,846	1,859	1,917	2,128	2,256	2,342	2,502	2,693
당기순이익(조원)	12	9	4	6	3	3	11	15	12

출처: 금융감독원 「금융통계정보시스템」

최근 몇 해 동안 나아지기는 했으나 수익성을 나타내는 총자산이
익률(ROA), 자기자본수익률(ROE)은 낮은 수준이다. 2019년 국내 은
행의 ROA는 0.5퍼센트 수준이다. 미국 최대 은행인 JP모간체이스
(1.44%)의 절반에도 못 미친다.

2019년 하나금융경영연구소가 발표한 '주요 글로벌 은행들의 수
익 및 비용 구조 분석' 보고서에 따르면 글로벌 자산 상위 80개 은행
중 지난 2016~2018년 연속 자기자본이익률(ROE) 10퍼센트 이상인
은행은 미국 3곳, 캐나다 3곳, 호주 2곳 등 총 8곳으로 나타났다.

국내은행의 이자이익과 NIM 추이

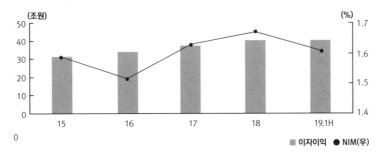

주: 2019 상반기 이자이익은 연율화 / 자료 : 금융감독원

국내은행의 ROE 추이

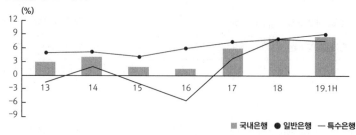

자료 : 은행연합회, 금융감독원

국내 은행과 포트폴리오가 같은 7곳의 지난해 평균 ROE는 13.9 퍼센트다. 캐나다 RBC의 ROE는 16.3퍼센트, 미국 US뱅코프는 14.1퍼센트로 많게는 국내 은행 평균(8%)의 두 배에 달했다. 또한 국내 은행 순이자마진(NIM)도 낮은편이다. 국내 은행의 NIM이 1.6퍼센트대일 때 웰스파고, US뱅코프 등 미국 은행은 3퍼센트 안팎이다.

국내 은행이 수익성을 개선하기 위해서는 기타업무 관련 수수료 확대, 외환 및 파생 관련 이익 확대를 위한 투자 등 자구책이 절실하다. 하지만 근본적으로 급변하는 외부 환경에 대응하고 예대마진을 비롯해 기존 금융기관이 갖고 있던 수수료 위주의 비즈니스 모델이 보인 한계를 극복하기 위해서는 은행이 핀테크와 같은 신성장 동력을 접목하거나 인터넷 전문은행을 설립해 돌파구를 마련해야 한다는 목소리가 높다.

금융연구원의 한 연구위원은 "해외 주요국의 은행들은 독자 생존 또는 IT 업체와의 인수·제휴에 나서는 등 대응책 마련에 부심하고 있다"면서 "은행들이 새로운 연계 서비스를 제공하는 방향으로 변화를 모색해야 한다"고 주문했다. 2020년 9월 금융당국은 '금융회사의 핀테크 투자 등에 관한 가이드라인'을 도입해 시중은행들의 핀테크 업체 투자를 위한 정책적 지원을 하고 있기도 하다. 생존이냐 도태냐, 핀테크를 접목한 인터넷 전문은행은 이제 한국 금융산업의 생존을 위한 열쇠를 쥐고 있다고 해도 과언이 아니다.

일본과 영국의 사례를 보자. 결론부터 말하면 두 나라 모두 금융위기를 겪은 이후 핀테크, 인터넷 전문은행을 활성화해 자국 금융산업의 성장 동력으로 삼았다.

일본은 1997년 말 대형 금융기관들이 줄줄이 문을 닫기 시작하자 이듬해 10월 금융회사 도산을 처리하기 위한 '금융재생법'을 시행하기에 이르렀다. 부실 금융회사는 막대한 공적자금 앞에 하나둘 정리됐다. 살아남은 금융회사는 대규모 구조조정을 실시했다. 금융산업의 연쇄 부도가 일어나자 일본은 제조회사 소니와 같은 비금융기관을 금융권으로 적극 끌어오는 방안을 강구했다. 비금융기관이 20퍼센트 이상의 은행 지분을 소유할 수 있도록 은행법을 개정한 것이다. 핀테크의 선봉에 있는 인터넷 전문은행 도입은 이때부터 물꼬를 트기 시작했다. 2000년 등장한 재팬넷뱅크를 시작으로

2001년 세븐뱅크, 소니뱅크, 라쿠텐뱅크 등이 등장했으며, 2007년에는 SBI스미신넷뱅크, 2008년에는 지분뱅크 등이 설립되기에 이르렀다. 같은 시기 우리나라에서도 세 차례나 인터넷 전문은행 설립 논의가 있었지만 번번이 좌초됐는데 말이다. 이런 역사를 가진 일본은 현재 미국과 함께 인터넷 전문은행 설립의 세계적인 모범 사례로 입에 오르내리고 있다.

금융 강국으로 불리던 영국도 2008년 글로벌 금융위기를 겪으며 어려움에 직면했다. 영국 정부는 금융산업의 황폐화를 막기 위해 새로운 활로를 모색해야만 했다. 글로벌 금융위기 이후 금융서비스 경쟁력 확보 차원에서 금융 관련 규제 정비, 의견 수렴을 위한 전담 기구가 필요했다. 결국 2013년 금융규제기관을 규제기관, 감독기관으로 이원화해 금융산업을 촉진시키고 동시에 건전성을 강화하는 조치를 취했다. 동시에 부처별 지원책을 마련했다. 2014년에는 정부 주도형 글로벌 핀테크 혁신센터 지원책을 만들었다. 영국 재무부는 금융권 데이터를 공유해 핀테크 기업으로부터 새로운 금융서비스를 이끌어내기 위해 '오픈 API 관련 보고서 연구용역'을 발주하기도 했다.

한편 무역청은 같은 해 해외기업의 국내 유치를 유도하는 홍보 자료를 만들어 국내외에 배포하고 후속 조치로 경제적 효과를 확인하는 용역사업을 발주하기도 했다. 아울러 관세청에서는 P2P 대출에 대한 이자소득세 공제 방안 마련을 검토하는 등 신규 핀테크 서비스에 대한 조세징수제도를 정비했다. 이 같은 결과에 힘입어 영국에 투자된 핀테크 거래량은 2008년 이후 매년 74퍼센트 증가해 2013년 세계 최고 수준을 기록했다. 같은 기간 실리콘밸리는 13퍼센트, 전 세계 평균은 27퍼센트 증가세를 보였다. 또한 한 해 약 34조 원의 매출을 기록했다. 직접 고용인원은 13만 5,000명 수준이며, 핀테크 기업 1만 7,000여 개의 시장가치는 약 1,100억 원으로 추산된다.

1997년, 2008년 두 차례에 걸친 전 세계적 금융위기는 직격탄을 맞은 국가로 하여금 금융 부문에 있어 성장 모멘텀을 찾게 만들었다. 기존 은행들은 인터넷 전문은행 설립으로 눈을 돌리거나 그들의 비즈니스 모델을 벤치마킹해 성장 동력으로 삼으려 했다. 또는 핀테크 기업들의 기술을 받아들여 사실상 인터넷 전문은행으로 변화하는 모습을 보였다.

3) 금융 트렌드

글로벌 금융기관들은 저성장, 저금리에 따른 수익성 악화를 극복하기 위해 현재의 디지털뱅킹을 혁신적으로 개선하는 방식으로 인터넷 전문은행을 추구하고 있다. 이를 위해 일부는 인터넷 전문은행을 자회사 형태로 설립하기도 하고, 또 다른 일부는 핀테크 기술을 접목한 인터넷 전문은행화(化)를 시도하기도 한다.

스페인 BBVA는 저성장, 저금리 등 당면한 위기를 극복하고 리딩뱅크로 도약하기 위해 2006년부터 8년 동안 IT 분야에 40억 5,000만 유로라는 막대한 자금을 투입했다. 예를 들어 80만 대의 포스(POS) 기기와 590만 장의 신용카드 사용실적 정보를 활용한 '소매업자 스코어링 시스템'을 도입해 과거에는 대출 거절 대상자였던 4퍼센트를 추가로 대출 승인했다. 은행 플랫폼을 활용해 신사업을 추진하려는 타 업종 파트너와 제휴하는 등 개방형 플랫폼 정책도 마련했다. BBVA 미국은 미국 최초의 실시간 자금이체 플랫폼을 보유한 심플뱅크(Simple Bank)를 2014년 2월 인수하고, 영국 아톰뱅크(Atom Bank)에 지분을 투자하기도 했다.

아울러 소규모 셀프 서비스 점포, 드라이브스루 점포, 금융자문센터, ATM, 디지털 키오스크 등 다양한 유형의 소규모 점포를 개발해왔다. 고객 셀프 서비스가 가능한 자동화기기 활용도가 높아지니 영업 인력의 효율적 활용도 가능해졌다. 지점 업무시간 중 영업활동에 투입되는 시간이 7퍼센트포인트 증가했다. 글로벌 전체 인력 중 영업 인력 비중이 7년 전에 비해 10퍼센트포인트 확대되기에 이르렀다. BBVA는 이 같은 정책을 통해 글로벌 시장의 인터넷

· 모바일 고객도 늘릴 수 있었다. 2014년 글로벌 영업을 총괄하는 COO(업무최고책임자) 산하에 글로벌 디지털 비즈니스 개발 전담부서를 설치해 BBVA의 글로벌 네트워크가 일관된 방향으로 디지털 전략을 수행할 수 있게 된 것이 밑거름이 됐다. 덕분에 디지털활동 고객(인터넷·모바일뱅킹)이 2011년 710만 명에서 2015년 1,500만 명으로 2배 이상 급증했다. 특히 모바일 활동 고객은 2011년 50만 명에서 2015년 800만 명으로 16배 확대됐다.

10여 년 전의 선제적 투자는 코로나19를 거치며 그 빛을 더욱 발하고 있다. 2020년 BBVA는 사상 최대 규모의 신규 고객 성장을 기록했다. 전 세계에서 730만 명의 신규 고객을 유치한 것이다. 이 가운데 3분의 1 수준인 240만 명은 앱 또는 웹을 통해 가입했다. 전년 대비 56퍼센트나 급증한 것이다. 현재 이 은행은 2015년 전체 분기보다 하루 만에 더 많은 디지털 고객을 유치하고 있다.

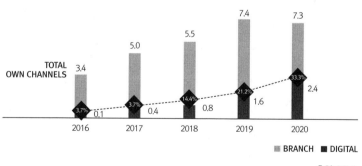

출처: BBVA

BBVA의 혁신 실험은 계속되고 있다. 새로운 사용자에게 다가가기 위해 타사 플랫폼이나 채널에 통합하는 노력을 기울이고 있는 것이다. 이를테면 이 회사가 영업망을 갖고 있는 국가인 멕시코 우버나, 스페인의 샤오미, 콜롬비아의 텔레포니카 등과 제휴를 추진하는 식이다.

영국의 바클레이스(Barclays) 뱅크는 디지털뱅킹을 빠르게 개선해나가고 있는 금융기관이다. 이 은행은 디지털 채널에서 신용대출 업무의 3분의 1을 처리한다. 디지털 채널에서 대출 취급액을 늘리면 점포를 운영하면서 들어가는 비용을 절감할 수 있다. 바클레이스의 2014년 온라인·모바일 신용대출액은 2013년 대비 80퍼센트 증가했다. 규모는 10억 달러에 달한다. 바클레이스는 사이트 통합, 디지털화, 인소싱 등을 통한 비용 관리로 2014년 신용카드 자회사 이익경비율을 45퍼센트에서 43퍼센트로 줄이기도 했다.

아울러 핀테크 스타트업 지원 프로그램 '액셀러레이터(Accelerator)'를 가동해 금융상품·서비스에 젊은 피를 수혈하고, 새로운 아이디어를 접목시키려는 노력도 기울이고 있다. 뱅킹시스템 개선과 동시에 핀테크 기술을 흡수하려는 시도다. 이 프로그램에 2015년 한 해에만 64개국 531개 기업이 가입 신청을 했다고 한다. 또 영국 런던, 맨체스터에 핀테크 지원 플랫폼인 '에스컬레이터(Escalator)'도 운영하고 있다. 바클레이스는 핀테크 기업에게 작업실, 회의실 등 물리적인 공간과 비즈니스 네트워크 기회 등을 제공하면서 사실상 인터넷 전문은행으로 탈바꿈하고 있다.

독일 코메르츠뱅크(Commerzbank)는 2000년 폴란드에 자회사 엠뱅크(mBank)를 설립했다. 모바일 중심의 혁신적인 서비스를 제공해 현재는 폴란드 3위 소매은행으로 도약했다. 엠뱅크는 은행 채널을 모바일 중심으로 재구성한 것이 특징이다. 모바일 대출 신청, 영상 모기지 상담, 빅데이터 분석을 통한 금융 어드바이스 등 참신한 서비스를 제공해왔다. 예를 들어 아이폰을 통해 30초 내로 담보대출을 승인하며 스카이프를 통해 모기지 대출 상담도 할 수 있다. 엠뱅크는 향후 은행 인프라가 미비한 신흥 아시아 지역에 기술 제휴나 파트너십 체결 등의 방법으로 진출하는 방안을 추진한다.

열거한 사례들에서 미뤄 짐작해볼 수 있듯 인터넷 전문은행은 이미 금융산업의 글로벌 트렌드가 됐다. 한국의 금융기관도 IT에 대대적인 투자를 집행해 인터넷 전문은행으로의 변신을 도모할 필요성이 있다. 해외 사례처럼 인터넷 전문은행 자회사를 설립하거나 오픈 API 정책을 통해 핀테크 업체의 혁신적인 기술 개발을 촉진해 접목시키는 것도 인터넷 전문은행화의 한 방법이다. 최근에는 시중은행들이 직접 인터넷 전문은행 사업을 영위할 수 있도록 금융 당국에 관련 라이선스를 내달라는 목소리를 내고 있을 정도다.

4) 약탈적 금융으로부터 해방

[장면 1] 2015년 2월, 영국 핀테크 업체 트랜스퍼와이즈(현 와이즈)는 미국 뉴욕에 사무실을 열었다. 동시에 200여 명의 직원들이 월스트리트 중심가에서 알몸 행진을 벌였다. 트랜스퍼와이즈 공동창업자인 타벳 힌리커스는 "기존 금융 시스템이 투명하지 못하다는 점을 미국 소비자와 금융기관에 알리기 위해 캠페인을 진행했다"고 했다.

[장면 2] 2015년 3월 15일, 영국에서는 높은 해외송금 수수료를 낮추기 위한 취지로 '세계 송금의 날' 캠페인이 열렸다. 이날 행사에는 국제이주기구(IMO)를 포함해 유명 인사들이 참여했는데, 그중에서도 눈에 띄는 참여자가 있었다. 아지모(Azimo), 센드페이(Xend pay), 웨스턴유니온(Western Union) 등 해외송금 서비스를 제공하는 핀테크 회사들이었다.

이 회사들은 이날 송금, 환전 수수료를 면제해주는 이벤트를 벌였다. 이 캠페인은 기존 은행들이 얼마나 해외송금 수수료를 높게 받아왔는지 되새겨볼 수 있는 기회를 제공했다. 영국 시중은행의 2015년 2분기 평균 해외송금 수수료율은 10.96퍼센트에 달했다. 세계 해외송금 수수료율 7.68퍼센트를 웃돌뿐더러 우체국(5.14%), 전문송금업체(6.59%)보다 비싸다.

위의 두 가지 사례는 기성 금융기관의 관행에서 피어난 약탈적 금융의 대항마로 핀테크 업체가 생겨나고 있음을 보여줬다. 사실 기존 은행은 약탈적 금융에서 해방되기가 쉽지 않다. 과거부터 지금까지 쌓아온 투자 설비, 인프라를 전부 포기해야 하는 만큼 수만 대의 ATM 설치, 유지보수 비용이라는 본전 생각이 나기 때문에 ATM 수수료를 낮추기가 어려운 것이다. 그러나 인터넷 전문은행의 경우는 다르다. 잃을 게 없기 때문에 약탈적 금융에서 벗어나는 데 운신의 폭이 넓다.

독일의 인터넷 전문은행인 피도르뱅크의 경영철학은 '소비자의 불신을 혁파하는 것'이라고 한다. 은행명인 피도르(Fidor)도 신뢰를 뜻하는 라틴어 'fides'에서 유래한 것이다. 피도르뱅크는 2008년 글로벌 금융위기 이후 바닥으로 떨어진 은행의 신뢰를 되찾는다는 영업 철학을 내세워 SNS에서 고객들과 만났다. 유튜브나 페이스북에 유용한 정보나 가슴 따뜻한 내용의 영상이나 글을 올리면 포상금을 제공하거나 금리 유인을 제공하면서 고객들과 소통했다. 무엇보다도 개방형 API 기술을 제공해 어떤 핀테크 업체라도 피도르뱅크의 금융서비스를 활용, 발전시켜 새로운 금융서비스를 내놓을 수 있도록 했다.

이렇듯 인터넷 전문은행의 키워드는 상생과 공존이다. 시중은행들이 금융 소비자들로부터 철저히 외면을 받을수록 인터넷 전문은행은 더 활짝 꽃피게 될 것이다.

인터넷 전문은행의
대항마가 등장할 것인가?

모바일 전문은행을 만드는 시중은행들

시중은행들은 인터넷 전문은행의 대항마이자 현재 모바일뱅킹의 업그레이드 버전인 '모바일 전문은행'을 출범시켰다. 모바일 전문은행이 모바일뱅크와 가장 큰 차이점은 '비대면 금융서비스'를 통해 자사 고객이 아니더라도 금융서비스를 제약 없이 받을 수 있다는 점이다.

모바일 전문은행의 특징을 세부적으로 나누면 ① 비대면 금융서비스를 가능하게 했다는 점, ② 중금리 대출상품을 취급한다는 점, ③ 국내외 송금, 환전을 저렴하고 간편하게 할 수 있다는 점, ④ 게임, 음악, 채팅 등 비금융서비스를 탑재했다는 점, ⑤ 멤버십 포인트를 현금으로 인출할 수 있게 한 점, ⑥ 새로운 캐릭터, 로고를 사용하고 있다는 점, ⑦ 이미 출시된 모바일뱅킹과의 연동이 불가피한 점 등으로 정리할 수 있다.

우리은행은 2015년 5월 새로운 모바일 전문은행 브랜드 '위비뱅크'를 출시했다. 위비뱅크의 특장점은 스마트폰만으로 빠른 대출이 가능하다는 점이다. '위비개인모바일대출'을 이용하면 직업·소득에 관계없이 영업점을 방문하지 않아도 100만 원에서 1,000만 원까지 대출을 받을 수 있다. 개인 사업자를 대상으로 한 '위비소호모바일신용대출'도 있다. 중도상환 수수료, 한도미사용 수수료, 한도약정 수수료가 면제된다는 점이 특징이다. 위비모바일통장은 수시입출금통장으로, 계좌정보 확인 및 지출목표설정 기능을 탑재해 합리적인 지출을 할 수 있게 도와준다. '위비모바일페이'로는 처음 한 번만 핀번호를 등록하면 지정한 날까지 보내기, 결제 서비스가 가능하다. 휴대전화번호, 카카오톡 및 페이스북 등으로 간편하게 돈을 보낼 수 있다. 더치페이 기능, 경조금 보내기, 쇼핑몰 결제하기, 서울시 세금납부와 같은 추가 기능도 있다.

무엇보다 흥미로운 점은 위비 캐릭터와 위비 음악방송, 위비 게임이다. 은행 로고는 그 은행 직원이 아닌 이상 잘 알아보지 못하지만, 위비뱅크의 캐릭터인 꿀벌 '위비'는 자연스럽게 우리은행을 상징하는 로고로 자리잡았다. 아울러 위비뱅크 앱만 설치하면 위비

음악방송을 통해 인기음악을 무료로 청취할 수 있다. '날아라 위비', '위비팝', '위비를 구하라' 등 위비뱅크에서 즐길 수 있는 게임도 출시했다. 게임을 즐기다보면 자연스럽게 '머핀'이 쌓인다. 머핀으로 뮤지컬, 전시회, 도서, 인기상품 등을 대상으로 하는 경품 이벤트에 응모할 수도 있고 커피, 아이스크림, 케이크 쿠폰 등에 응모해 즉각 당첨 여부를 확인할 수도 있다. 금리우대쿠폰을 받을 수도 있다. 우리은행은 모바일 메신저 '위비톡'을 출시하기도 했다.

2016년 1월부터는 비대면으로 위비뱅크 통장을 개설이 가능했다. 위비뱅크는 우리은행의 원터치개인, 원터치센터 등 다른 앱과 연동돼 있어 위비뱅크 앱 하나만으로 금융서비스를 이용하는 데는 제약이 많아 독자적인 모바일 전문은행이라고 부르기에는 여전히 한계가 있다. (현재 우리은행은 위비라는 캐릭터와 브랜드를 포기하고 우리 WON뱅크라는 이름으로 변경했다. 아쉬운 대목이다.)

신한은행은 2015년 12월 새로운 모바일 전문은행 브랜드 '써니뱅크'를 출시하고, '디지털 키오스크'를 내놨다. 써니뱅크는 국내에서 가장 먼저 비대면 본인 확인으로 신규 계좌를 개설할 수 있는 시스템을 도입한 모바일 전문은행이었다.

비대면 계좌를 개설하려면 ① 신분증 사본 제출 ② 영상통화 ③ 접근 매체 전달 시 확인 ④ 기존 계좌 활용 ⑤ 생체인증의 다섯 방식 중 2가지를 의무적으로 적용해야 한다. 다만 금융위원회는 ⑥ 타

기관 확인 결과 활용(ARS, OTP 등) ⑦ 다수의 개인정보 검증을 포함,
이미 의무적으로 선택한 2가지를 제외하고 ①~⑦을 추가 확인할
것을 권고하고 있다. 예를 들어 모바일 전문은행 써니뱅크에서 휴
대전화 인증(⑥)을 한 뒤 신분증을 촬영(①)하고 상담원과 영상통화
(②, ③)를 한 뒤 신규 계좌를 발급받을 수 있게 되는 것이다. 또 신한
은행이 구축한 디지털 키오스크에 신분증을 넣고(①) 은행 직원과
영상통화(②)를 한 뒤 ARS(자동응답전화) 인증(⑥)을 하면 체크카드 발
급, OTP카드 발급 등 금융거래가 가능하다.

써니뱅크의 '스피드환전' 기능도 돋보인다. 신한은행 고객이 아
니어도 이름, 생년월일, 전화번호 등 개인정보를 입력한 뒤 90퍼센
트 환전 우대를 받고 환전 서비스를 이용할 수 있다. 환전 모바일
금고도 있다. 환전한 외화를 가상 모바일 금고에 보관하고 있다가
필요할 때 꺼내 쓰면 된다. 세계 240개국을 대상으로 당일 해외송
금이 완료된다.

모바일뱅킹 이용 고객이 가장 많이 이용하는 계좌조회 서비스는,
공인인증서 비밀번호를 번번이 입력할 필요 없이 간편로그인용 6
자리 비밀번호를 설정하면 된다. 이 밖에 중금리 신용대출로는 '써
니 모바일 간편대출' 상품이 있다. (신한은행도 우리은행과 마찬가지로 써
니 캐릭터를 포기하고 말았다.)

KEB하나은행은 2016년 1월 모바일 전문은행 '1Q뱅크(현 하나원

큐)'를 선보였다. 앞선 두 은행이 기존 모바일뱅킹 외에 별도의 새로운 앱을 내놓았다면 KEB하나은행은 기존 모바일뱅킹 '하나N뱅크'를 업그레이드했다. 1Q뱅크도 써니뱅크처럼 생체인증을 통한 비대면 금융거래가 가능하다. 1Q뱅크의 특징적인 서비스는 글로벌 네트워크를 활용해 캐나다에 있지 않아도 한국이나 중국에서 캐나다 KEB하나은행의 예금계좌를 개설할 수 있는 '캐나다 선계좌 발급 서비스'다. 캐나다 유학을 고민하고 있는 한국인이나 중국인 가운데 KEB하나은행의 고객이라면 출국 직전 영업점에서 계좌 개설을 신청해 캐나다에 입국하자마자 1Q뱅크 앱을 통해 발급된 계좌를 확인할 수 있다. 이용자는 캐나다 현지 ATM 이용 수수료, 계좌유지 수수료 등 수수료 면제 혜택을 받을 수 있다.

글로벌 페이(페이팔 송금) 서비스도 이용할 수 있다. KEB하나은행 고객이라면 페이팔에 가입하지 않고도 1,000달러에서 1만 달러를 페이팔에 가입한 고객에게 전송할 수 있다. 수수료는 송금액의 1퍼센트다. 아울러 중금리 대출상품 '이지세이브론'을 탑재해 서비스한다.

NH농협은행은 2015년 12월 'NH스마트금융센터'를 내놓고 고객 금융 이용 행태를 세분화한 1:1 맞춤 추천과 자동 금융상품 추천 기능을 통해 금융서비스 가입을 편리하게 했다. 스마트상담센터에서는 전화, 채팅, 전자우편, 화상 등 비대면 채널을 통해 편리하게 상담을 받을 수 있다. 중금리 대출상품으로는 'NH EQ론'이 있다. 특히 생체인증 컨소시엄(FIDO)의 지문 인증 서비스로 간편하게 로그인해 금융상품을 이용할 수 있게 했다. 지문 인증 서비스는 공인인증서를 대체하는 서비스다. 2016년에는 이 같은 기술력을 기반으로 모바일 플랫폼이자 오픈 플랫폼을 지향하는 서비스 '올원뱅크'를 출시했는데, 은행들 가운데서는 가장 오랫동안 캐릭터(올리 등)를 유지하고 있다는 점이 긍정적이다.

IBK기업은행은 2015년 12월 '헬로아이원i-ONE(현 i-ONE Bank)' 앱을 내놨다. 기업은행을 이용하지 않는 고객도 신분증을 촬영해 이 앱으로 제출하고 휴대전화 본인 명의를 확인한 뒤 기존 거래은행 계좌에서 확인 전용계좌로 소액을 이체하면 계좌 개설이 가능하다. 엄밀한 의미에서 비대면 계좌 개설이 가능한 것은 헬로아이원이 최초다. 헬로아이원을 통해 예·적금에 가입할 수 있고 타행에서 발급받은 일회용 비밀번호 생성기(OTP)를 이용해 전자금융거래 상품에 가입할 수 있다. 또 은행 직원과 영상통화로 상품 상담, 수화 상담 등을 받을 수 있다. 지방은행도 모바일 전문은행 출시에 적극적인 행보를 보이고 있다.

부산은행은 2016년 3월경 모바일 전문은행 'B-뱅크(현 BNK부산은행 모바일뱅킹)'를 내놓는다. B-뱅크에서 금융거래를 하면 적립되는 포인트는 롯데그룹 계열사(롯데백화점, 롯데마트 등)에서 활용할 수 있

도록 한 게 콘셉트였다. 대구은행도 유사한 앱인 2015년 12월 '아이
M뱅크(현 IM뱅크)'를 선보이고 앱만으로 ATM에서 출금이 가능하
도록 했다.

글로벌 100대 은행 통계로 본 국내 금융산업의 현재

　국내 금융산업이 처한 현실은 녹록지 않다. 해외 유수의 은행
들과 비교해보면 객관적인 현실이 포착된다. KB국민·신한·우
리·KEB 하나은행 등 국내 주요 은행들은 글로벌 100대 은행과 비
교했을 때 규모에서 뒤처지고, 수익성도 낮은 것으로 나타났다.《뱅
커The Banker》기준으로 2013년 글로벌 100대 은행을 분석한 결과,
국내 4대 은행의 자산 및 자본금 규모는 글로벌 상위 50대 은행에
포함된 곳이 한 곳도 없을 정도로 뒤처져 있다. 자본금 대비 자산
규모 또한 마찬가지다. 4대 은행의 자본금 규모는 글로벌 70위권이
지만 자산 규모는 80위권에 속한다. 국내 4대 은행의 수익성은 글
로벌 평균에 비해 매우 낮다. 평균 ROA는 0.53퍼센트로, 국내 4대
은행과 기본자본 규모가 300억 달러 이하로 비슷한 45개 은행의 집
단 Group4 평균 ROA(0.8%)에 비해 매우 낮았다.
　이 같은 상황에서 국내 은행들이 시도할 수 있는 것들에는 무엇

이 있을까? 무엇보다 비이자 수익의 비중을 높여 수익 구조의 균형을 잡을 필요가 있다. 전문가들은 상업은행의 전통적 중개 기능 업무 관련 항목을 중심으로 수익 구조 개선이 필요하다고 지적한다. 글로벌 100대 은행(국내 은행 제외)의 자본그룹별 수익 구조를 분석해 보면 이자 이익 비중이 평균 60.5퍼센트, 비이자 이익 비중의 평균이 39.5퍼센트에 육박한다. 국내 4대 은행(28.9%)과 현격한 차이(약 1.4배)를 보이고 있는 셈이다. 인력 구조조정 문제도 풀어야 할 숙제다. 국내 은행 평균 직원 1인당 인건비는 9만 3,705달러로 국내 은행을 제외한 글로벌 100대 은행의 평균 인건비인 10만 3,678달러보다 다소 낮지만, 국내 은행의 이익경비율(영업이익 대비 판매관리비 비중) 평균은 54.6퍼센트로 글로벌 100대 은행(국내 은행 제외)의 평균인 54.3퍼센트, Group4 평균 52.8퍼센트와 비슷하다. 이는 국내 은행의 임금체계에서 비롯한 결과다. 기본급 중심의 임금체계인 단일호봉제로 인해 단순 업무 처리 인력의 임금이 상대적으로 높은 반면 고급 업무 처리 인력의 임금은 상대적으로 낮다. 따라서 은행 성과보상체계의 개편을 통해 비용 구조 개선을 도모할 필요가 있다. 여기서 다시 '왜 인터넷 전문은행인가'라는 질문을 떠올릴 수 있을 것이다.

인터넷 전문은행 열풍에 합류하면 전통적인 의미의 예대마진이라는 파이를 키울 수 있을 뿐만 아니라 수수료 이익을 늘려 비이자 수익 부문을 개선할 수 있다. 동시에 핀테크 업체의 금융서비스 도입, 핀테크 업체 인수합병 등을 통해 저효율 고임금 구조의 임금체계를 개편할 유인을 마련할 수 있다. 이런 배경 하에 시중은행들도 뒤늦게 인터넷 전문은행 설립 허가를 당국에 요청한 상태다. 수백개 점포 운영으로 고정비를 줄이기 어려운데다, 고연봉의 임금 구조를 탈피하기 어렵고, 말 그대로 비 IT형 인재들의 집합소인 현재의 구조하에서는 급부상 중인 인터넷 전문은행을 따라잡기 어렵기 때문이다. 해당 논의는 차기 정부에서 진행될 것으로 전망되나 시대의 흐름은 이미 인터넷 전문은행을 향해 가고 있으므로 시중은행의 라이선스 획득은 시간 문제일 것으로 보인다.

INTERNET
ONLY
BANK

4장

인터넷 전문은행의 성공요건

인터넷 전문은행의
성공요건

고객의 특성을 파악하라

인터넷 전문은행은 우리가 이용하고 있는 '모바일뱅킹'이나 '인터넷뱅킹'이 진화한 버전이다. 2015년 하반기부터 비대면 금융거래가 가능해진 만큼 시중은행들이 출시하고 있는 모바일 전문은행보다는 한 걸음 더 나아간 서비스로 고객들을 맞이하는 것으로 출발했다. 따라서 모바일·인터넷뱅킹 고객군을 분석하면 인터넷 전문은행의 방향성을 설정하는 데 도움이 될 뿐만 아니라 성장 가능성도 점쳐볼 수 있다.

시장조사 전문기업 마크로밀 엠브레인의 트렌드 모니터(Trend Monitor)가 최근 한 달 이내 은행 서비스를 이용한 경험이 있는 전국만 19~59세 성인 남녀 1,000명을 대상으로 은행 서비스 이용에 관한 조사를 실시했다. 각각 47.1퍼센트, 29.4퍼센트, 23.5퍼센트였던 2013년 인터넷뱅킹과 영업점, 모바일뱅킹 이용률이 2015년에는 차례대로 41퍼센트, 33.1퍼센트, 인터넷 25.9퍼센트로 변화했다. 연령대로 보면 20대 모바일뱅킹 이용 비중이 50.3퍼센트로 가장 많았다. 30대는 37.8퍼센트, 40대는 23.8퍼센트, 50대는 20.6퍼센트가 모바일뱅킹을 이용했다. 다만 인터넷뱅킹 이용자는 40대가 47.3퍼센트로 가장 많았다. 50대 47.1퍼센트, 30대 43.2퍼센트, 20대 26.4퍼센트가 그 뒤를 이었다. 이 결과에 따르면 향후 인터넷 전문은행은 모바일뱅킹의 경우 20~30대를 집중적으로 마케팅하고, 인터넷뱅킹은 30~50대를 타깃으로 영업해야 한다는 분석이 나온다. 모바일을 중심 채널로 하는 인터넷 전문은행이라고 해서 자산을 더 많이 보유하고 있는 중장년층이 몰려 있는 인터넷뱅킹 마케팅을 소홀히 해서는 안 된다.

조사 결과를 구체적으로 현실에 적용해보면, 카카오뱅크는 모바일에서 20~30대에게 귀여운 카카오톡 이모티콘을 제공함으로써 고객을 유치하는 전략을 썼다. 각 은행 서비스 채널 방문 목적을 살펴보면, 모바일뱅킹 이용자들은 주로 계좌이체(86.9%, 중복응답), 계좌조회 및 관리(64.6%), 공과금 납부(18.5%), 예·적금 가입 및 해지(16.5%) 등의 서비스를 많이 이용했다. 인터넷뱅킹 이용자들은 주로 계좌이체(91.8%, 중복응답)와 계좌조회 및 관리(66.1%) 서비스를 많이 이용했다. 공과금 납부(30.5%), 예·적금 가입 및 해지(22.5%), 카드 관련 업무(19.5%)를 이용한 소비자도 많았다.

눈여겨봐야 할 점은 계좌조회 및 관리 부문이다. 인터넷뱅킹 고객의 대부분은 내 계좌에 돈이 얼마나 있는지 확인한다. 그런데 현재의 금융 시스템은 계좌조회를 위해 공인인증서라는 번거로운 장치를 사용하게끔 만든다. 내 통장에 있는 돈이 얼마인지 확인하는 것조차 귀찮게 만들고 있는 것이다. 카카오뱅크는 금융서비스에 있어서는 패턴, 지문인식 등을 사용할 수 있도록 하는 등 다양한 부문에서 현재보다 쉽고 간편하게 고객의 편의를 증대하는 방안을 시도했다. 마찬가지로 계좌이체, 공과금 납부, 예·적금 가입 및 해지 등도 시중은행이 하고 있는 방식보다 편리하게 처리할 수 있는 방법을 고안했다.

인터넷 전문은행은 모바일·인터넷에서의 예·적금 가입 및 해지 부문도 신경을 썼다. 모바일·인터넷뱅킹에서는 은행 업무시간 외에는 예·적금에 가입할 수 없는 사례가 빈번하게 발생하기 때문이다. 오프라인 점포를 최소화하는 인터넷 전문은행은 고객이 시중은행의 영업점을 방문하는 이유도 분석할 필요가 있다. 설문조사에서 타 은행 서비스 채널과 비교한 결과, 모르는 것을 물어볼 수 있고(65.7%, 중복응답), 은행이 직접 모두 처리해준다는 점(47.9%)이 가장 큰 만족 요인으로 작용해 영업점을 찾는 것으로 나타났다. 모바일·인터넷뱅킹은 상담받기에 제약이 있다. 이 같은 문제를 해결하기 위해 인터넷 전문은행은 자주 묻는 질문을 실시간 자동으로 응답해 주는 챗봇 서비스 등을 도입했다.

무엇보다도 모바일을 중심 채널로 삼고 있는 인터넷 전문은행은 콜센터의 위상을 현재보다 몇 단계 끌어올렸다. 비대면 금융거래가 활발히 이루어지는 만큼 실시간으로 불편사항에 응대해줄 콜센터 직원들의 역할이 중요해졌다. 실제 모바일뱅킹 이용 빈도가 높은 고객일수록 콜센터 이용비율이 증가한다고 한다. 본인 확인, 영상통화 등 인터넷 전문은행의 콜센터에서 처리해야만 하는 제반 업무가 늘어나게 됨에 따라 상담 인력에 대한 교육프로그램 확대, 24시간 근무 체계에 따른 운영시간 조정 등이 선결되어야 한다. 그리고 금융회사 간 인수합병, IT시스템 및 정책 변경과 같이 고객 문의가 급증할 수 있는 이벤트에 효과적으로 대처할 수 있도록 준비해야 한다. 특히 정보 유출, 금융사기 등 보안 사고에 대비해 정보보안 수준을 강화할 필요가 있다.

신용대출을 취급하라

예금금리와 대출금리의 차이인 예대마진은 은행 수익의 원천이다. 인터넷 전문은행의 수익도 근본적으로는 예대마진에서 비롯될 것이라는 데 이의를 제기하는 사람은 없다. 그렇다면 어떤 고객군에 초점을 맞춰서 대출자산을 운용해야 할까? 금융기관의 대출업무는 크게 주택담보대출, 대기업 대출, 중소기업 대출, 가계신용대출의 네 가지로 분류된다. 우리가 일반적으로 생각하는 금융기관은 네 종류의 대출을 모두 취급한다. 다만 금융기관별로 대출 포트폴리오상 비중이 다르다. 예를 들면 우리은행은 대기업 대출 비중이 높고, IBK기업은행은 중소기업 대출을 많이 취급한다. KB국민은행에는 주택담보대출이 많다. 저축은행의 상당수는 신용대출이 주된 수익원이다. 대부업체는 신용대출만 한다고 보면 된다.

그렇다면 인터넷 전문은행은 우리은행의 방향을 따라야 할까, 아니면 IBK기업은행이나 KB국민은행의 뒤를 따라야 할까. 또는 저축은행, 대부업체의 길을 걸어야 할까. NH투자증권의 유의미한 리포트가 있어 소개한다. 이 리포트는 인터넷 전문은행에게 네 가지 업무 중 어떤 대출 유형이 가장 유리한지를 잘 설명해주고 있다. NH투자증권은 인터넷 전문은행의 자금조달비용을 다이렉트 정기예금 (1년) 수준인 연 2.5퍼센트로 가정했다. 저비용 구조를 감안, 판매관리비용은 0으로 가정했다. 수수료, 비이자 이익도 0으로 설정했으며, 최초 자본금은 500억 원, 총자산은 6,000억 원으로 가정했다. 레버리지(차입) 12배, 자본/총자산 비율은 8.3퍼센트, 예대율 100퍼센트로 봤다.

인터넷 전문은행이 주택담보대출에 특화됐다고 가정해보자. 대손비용률(대손비용/총대출)을 20bp(1bp=0.01%포인트)로 잡으면 총자산이익률(ROA) 0.4퍼센트, 자기자본수익률(ROE) 5퍼센트로, 수익성이 저조한 것으로 나타났다. 자금조달비용률을 2.5퍼센트가 아닌 2.0퍼센트로 낮추면 ROA는 0.8퍼센트, ROE는 9.2퍼센트로 높아진다. 주택담보대출 금리가 3.1퍼센트로 기존의 경우보다 20bp 내외 금리 경쟁력을 갖춘 경우를 가정하면, ROA 0.6퍼센트, ROE 7.5퍼센트 수준으로 경쟁력이 있다고 보기는 어렵다. 중소기업 대출에 특화됐다면 어떨까. 2014년 11월 신규 기준으로 평균 중소기업 대출 금리 4.21퍼센트, 자금조달비용률 2.5퍼센트, 대손비용률 70bp인 은행이 있다면, 그 은행의 ROA는 0.7퍼센트, ROE는 8.4퍼센트다. 주택담보대출을 주력으로 하는 인터넷 전문은행보다 경쟁력은 있어 보인다. 하지만 이 경우도 판매관리비를 0으로 가정했고, 대손비용률 70bp는 중소기업 대출에 우위를 보이는 기존 은행과 유사한 수준이라는 점을 염두에 둬야 한다.

특히 중소기업 대출의 경우, 관계형 금융을 통해 신용 데이터, 리스크 관리 노하우가 축적돼야 적정 수준 이상의 관리가 가능하다. 아무런 기반이 없는 인터넷 전문은행이 당장 중소기업 대출을 주력으로 영업을 전개하기에는 한계가 있다.

이번에는 대기업 대출에 특화됐다고 가정해보자. 2014년 11월 대기업 대출 평균 신규 금리 3.72퍼센트에 자금조달비용률 2.5퍼센트, 대손비용률 50bp를 가정하면 ROA 0.5퍼센트, ROE 6.0퍼센트 수준으로 매력도가 떨어진다. 또 자본금 여력이 낮아 대기업 여신 하나가 부실여신으로 분류될 경우 은행 자체가 휘청거릴 수 있는 리스크가 있어 대기업 대출 전문 인터넷 전문은행의 설립은 쉽지 않아 보인다.

마지막으로 가계신용대출 특화 인터넷 전문은행이다. 대출수익률(2014년 11월 말 신규 기준 가계일반신용대출 평균 금리) 4.92퍼센트, 자금조달비용률 2.5퍼센트, 대손비용률 150bp를 적용하면 ROA는 0.6퍼센트, ROE는 7.7퍼센트가 돼 중소기업 대출 특화 은행과 수익성이 유사하다. 다만 대손비용률(150bp)을 훨씬 낮은 수준에서 관리한다면 경쟁력 있는 수익성을 가진 인터넷 전문은행이 탄생할 수도 있다.

이처럼 계산상으로는 인터넷 전문은행에 가계신용대출이 가장 적합해 보인다. 인터넷 전문은행 설립 예비인가를 받은 K뱅크, 카카오뱅크가 고객 빅데이터를 분석해 '중금리 대출 시장' 선점에 나서겠다고 밝힌 것도 가계신용대출을 가장 적합한 사업 영역으로 판단했기 때문이다. 일본에서도 인터넷 전문은행에 가계신용대출이 가장 적합하다는 사실이 수치로 드러난다. 금융결제원에 따르면 라쿠텐뱅크, 세븐뱅크, 지분뱅크 등은 대출 자산 대비 대출이자 수입 비중이 각각 10.86퍼센트, 11.66퍼센트, 14.26퍼센트로 대출금리가 상대적으로 높은 소액 대출(카드론 등)에 치중하고 있다.

모기업 고객을 재유치하라

인터넷 전문은행이 빠르게 정착하기 위해서는 모기업의 고객 유치가 필수적이다. 그러기 위해서는 모기업이 제공하는 서비스를 금융서비스화(化)해 고객들에게 판매해야 한다. 주인이 여럿이라면 참여 주주가 보유하고 있는 고객을 빠르게 유치해야 한다. 일본의 인터넷 전문은행 대부분은 모회사가 영위하는 사업 특성에 기반한 수익 모델을 보유하고 있다.

라쿠텐뱅크의 경우를 보자. 모기업 라쿠텐 이치바(Rakuten Ichiba)는 1997년 2월 설립된 일본 최대 전자상거래업체이자 인터넷회사다. 라쿠텐뱅크는 2000년 'e-뱅크'라는 이름으로 설립됐고, 2008년 9월에 라쿠텐시장에 인수됐다. 이 은행은 최초에는 특별한 비즈니스 모델 없이 소액지급결제에 주력했다가 2008년까지 적자의 늪에서 헤맸다. 그러다가 라쿠텐에 인수되고 난 뒤 2010년 3월부터는 흑자를 내기 시작했다. 비결은 모기업 라쿠텐의 고객 유치였다. 전자상거래기업인 라쿠텐시장에서 라쿠텐뱅크가 발급한 카드로 결제하면 보너스 마일리지 포인트를 제공한 것이다. 라쿠텐 입장에서는 라쿠텐뱅크를 통해 전자상거래 고객을 확실히 붙잡아둘 수 있게 돼 일석이조였다. 라쿠텐뱅크는 라쿠텐 판매자, 소비자에게 대출상품도 판매했다. 따라서 라쿠텐뱅크의 총수입 가운데 대출이자, 서비스 수수료 수익(역무수입) 비중이 높다. 계열사에서 흡수한 고객들에게 대출상품을 판매하거나 수수료를 얻고 있는 셈이다.

증권사가 설립한 다이와넥스트뱅크는 유가증권배당 비중이 96.63퍼센트로 투자 기반 모델이다. 유통계열이 설립한 세븐뱅크도 역무 수입 비중이 99.06퍼센트로, CD/ATM 이용 수수료 기반 모델을 보유하고 있다.

【표】일본 인터넷 전문은행 및 시중은행 수입 현황

(단위: 백만 엔, %)

구분		인터넷 전문은행							시중은행
		라쿠텐	세븐	SBI 스미신넷	소니	다이와 넥스트	이온	지분	미쯔비시 도쿄UFJ
자금 운용 수입	대출 이자	21696	613	21601	14070	784	42405	10155	977439
	(비중)	47.73	0.61	37.74	39.40	2.63	40.88	51.72	33.46
자금 운용 수입	유가증권 배당	1655	118	11720	11960	28809	3208	2275	415873
	(비중)	3.64	0.12	20.48	33.49	96.63	3.09	11.59	14.23
역무수입		14596	98892	13276	3372	24	36381	4148	617805
(비중)		32.11	99.06	23.20	9.44	0.08	35.08	21.12	21.15

자료: 금융결제원

국내 카카오와 KT도 마찬가지다. 모기업 혹은 합작회사의 고객을 십분 활용해 고객 기반을 빠르게 늘려갔다. 카카오뱅크의 선결과제는 카카오톡 고객 4,500만 명을 신속하게 금융 고객으로 흡수하는 것이다. K뱅크의 경우 1,800만 명의 모바일 가입자를 포함해 초고속인터넷 가입자 수 900만, IPTV 가입자 850만 명을 인터넷 전문은행 고객으로 어떻게 이전하느냐가 최초의 커다란 숙제였다.

애플리케이션을 쉽게 만들 수 있도록 구성한 프로그램 명령어 집합인 오픈 API 방식을 통해 고객이 금융서비스가 필요하면 자연스럽게 K뱅크로 옮겨올 수 있도록 한다는 방침이다. 예를 들면 인터넷TV에서 쇼핑할 때 금융이 필요한 상황이 되면 자연스럽게 K뱅크로 연계해 언제 어디서나 금융서비스를 이용 가능하게 한다는 것이다.

고객을 팬으로 만들어라

인터넷 전문은행은 가계신용대출에 집중해야 유리하지만 신용대출만 믿기에는 리스크가 크다. 이미 카드·캐피탈, 저축은행, 대부업체 등이 가계신용대출 시장에서 수십 년간 자리 잡아왔기 때문이다. 신용대출 업력만 따져봐도 경쟁력 있다고 보기는 어렵다. 인터넷 전문은행에는 '플러스 알파'가 필요하다.

가장 우선시되는 플러스 알파는 혁신적인 금융서비스가 될 것이다. 금융위원회가 인터넷 전문은행 설립 요건으로 '혁신성'을 꼽은 것도 이 같은 이유에서다. 기존 은행들이 해왔던 업무만 이어간다면 인터넷 전문은행의 설립 취지에 반할뿐더러 도태되기 십상이다. 고객의 주의를 끌 만한 혁신적 시도가 필요하다.

일본 오가키쿄리쓰뱅크Ogaki Kyoritsu Bank의 ATM 혁신 사례를 보자. 이 은행은 최근 20여 년간 고객의 시각에서 ATM의 이용 범위를 넓히기 위해 부단히 노력해왔다. 1994년에는 365일 ATM을 사용할 수 있는 연중무휴의 '에브리데이뱅킹' 서비스를 선보이며 자국 금융산업에 반향을 일으켰다. 당시 일본에서 연중무휴 ATM 서비스를 제공하는 은행은 오가키쿄리쓰뱅크가 유일했다. 2000년에는 드라이브스루 ATM을 설치해 자동차에서 내리지 않고도 현금 인출이 가능하게 했다. 이 ATM은 자동차 정차 위치, 운전석 높이에 따라 자동으로 움직였다. 2005년에는 예금 수수료를 무료로 제공하는 '제로뱅킹'을 선보였다. 누구도 가지 않은 길을 택한 것이다. 2007년에는 ATM에서 광고를 시청함으로써 시간 외 거래 수수료를 할인해주는 서비스를 선보였다.

오가키쿄리쓰뱅크는 ATM을 금융거래 수단뿐 아니라 미니 게임기나 복권 구입처로 탈바꿈시키는 시도를 하기도 했다. ATM에 현금카드를 삽입하면 룰렛게임, 777슬롯게임이 시작되도록 만든 것이다. 그림이나 숫자가 일치하면 시간 외 수수료를 받지 않거나 현금 1,000엔을 제공하기도 했다. 당첨이 되지 않으면 '유감'이라고 쓰인 거래명세표가 발행되는데, 이를 10장 모으면 편의점에서 이용할 수 있는 가상머니 500포인트를 적립해줬다. 현금 인출할 때 주사위 눈 1이 나오면 현금을 더 얹어주는 주사위 게임도 있었다. 한 걸음 더 나아가 ATM 화면 디자인을 고객이 마음대로 배치할 수도 있도록 했다. 고객의 취향에 따라 '3,000엔 인출 버튼', '1만 엔 인출 버튼' 등을 터치 패널 조작으로 원하는 위치에 원하는 크기로 설정해 배치할 수 있도록 한 것이다. 특히 ATM 화면에 계좌이체 내력, 잔고 등 고객정보에 따라 추천 금융상품을 표시해주거나 포인트 만료 기간이 다가오면 이를 환기시키는 기능도 포함되어 있다. 즐거운 금융거래 경험을 선사하는 ATM은 1896년 문을 연 오가키쿄리쓰뱅크가 120년이라는 세월 동안 장수 지방은행이 되는 데 밑거름이 됐다.

혁신적인 서비스를 발굴하기 어렵다면 '트렌드'라도 쫓아야 한다. 아메리칸익스프레스(AMEX), 이치치뱅크(ICICI Bank)와 같이 SNS를 적극적으로 활용하고 있는 해외의 사례를 살펴보자. 예를 들어 필자가 "내일 이 시간쯤이면 미국행 비행기를 타고 있겠지!"라는 글과 함께 항공권을 찍은 사진을 페이스북에 올렸다고 치자. 얼마 지나지 않아 은행 담당자가 이 같은 댓글을 단다. "집 근처 환전소의 위치는 ○○○입니다. 우대 쿠폰을 보내드리니 꼭 환전하고 가세요!" 여기에 더해 미국 여행 시 유의사항이라든지 한국대사관 위치, 은행 점포 등의 정보를 담아줄 수도 있을 것이다.

영국 RBS(Royal Bank of Scotland)는 내부 커뮤니케이션을 위해 페이스북과 제휴를 맺었고, 미국 캐피탈원(Capital One)은 내부에 데이터 전문가팀을 구성하는 등 소셜미디어, 동영상 등을 통해 내 · 외부 커뮤니케이션 기능을 강화하고 있다. 일방적이고 식상한 광고로 SNS를 도배하기보다 개별 사안마다 빅데이터를 분석해 맞춤형 정보를 제공하는 등 고객을 챙기는 모습을 보인다면 고객의 충성도는 당연히 올라갈 것이다.

인터넷 전문은행의 플러스 알파는 무엇보다도 고객을 팬으로 만드는 노력에 있다고 본다. 고객이 팬이 되고, 은행의 브랜드에 애정을 느끼게 될 때 새로운 수익원을 발굴할 수 있다. 궁극적으로 은행 고유의 브랜드가 프린트된 모자나 티셔츠를 판매해 수익을 얻는 날이 올지도 모른다.

ING다이렉트 캐나다는 고객 확보보다 팬을 확보하는 데 주력했다. 이 은행은 예·적금, 펀드, 보험, 개인퇴직연금 등 금융상품 판매에 주력하지 않았다. 아이폰, 안드로이드뿐만 아니라 이용자가 적은 블랙베리, 윈도 운영체제(OS)에서 이용 가능한 다양한 플랫폼에서 뱅킹 앱을 이용할 수 있도록 했다. 수익성만 추구한다면 쉽게 결정하기 어려운 사안이다. 또 점포에 카페 콘셉트를 도입해 금융 업무를 보지 않는 사람도 누구나 거쳐갈 수 있는 장소로 만들었다. 단지 금융상품을 판매하는 곳이 아니라 대화의 장소로 은행을 탈바꿈시킨 셈이다. 아울러 최고경영자가 트위터와 페이스북을 활발하게 사용해 캐나다인들에게 은행에 대해 알리는 작업들을 해왔다. 금융상품 판매에 주력하기보다 ING다이렉트 캐나다가 21세기를 선도할 혁신적인 은행임을 알리는 데 앞장섰다는 것이다. "금융기관은 돈을 벌려고 하고, IT 업체는 고객에게 가치를 제공하려고 한다. 고객에게 가치를 제공하면 다수의 회원을 확보할 수 있으며 돈은 궁극적으로 따라오게 돼 있다"는 한 민간연구소 연구원의 말을 의미 있게 다가오는 이유다.

필자는 금융에 게임을 접목하면 또 다른 혁신 사례를 만들 수 있으리라 본다. 게임 기사에 달리는 어마어마한 수의 댓글을 떠올려보건대 팬심을 얻을 수도 있을 것이다. 은행이 게임을 만들지 못하면 인기 게임에 편승하는 것도 한 방법이다. 엔씨소프트의 인기 게임 리니지, 넥슨의 메이플스토리2의 유저에게 게임 아이템을 이자로 제공하는 금융상품을 판매할 수도 있는 것이다. 카카오뱅크는 넷마블, 텐센트 등 게임회사와 함께 컨소시엄을 꾸렸으니, 신선한 시도가 나오기를 기대한다.

벤치마킹하라

국내 제1호 인터넷 전문은행들은 자신의 본업과 유사한 업무를 영위하던 기업이 인터넷 전문은행을 설립했던 해외 사례를 벤치마킹할 필요가 있다.

카카오톡이라는 메신저 기반의 카카오뱅크는 QQ, 위챗 등 메신저를 내놓은 중국 텐센트가 만든 위뱅크를 벤치마킹할 만하다. 또한 카카오뱅크는 전자상거래기업 이베이를 주주사로 두고 있으므로 전자상거래업체를 모회사로 삼고 인터넷 전문은행을 일군 일본 라쿠텐뱅크처럼 사업을 영위할 수도 있을 것이다.

위뱅크의 대주주는 위챗, QQ를 운영하는 중국 텐센터로 모기업의 기존 SNS 고객을 대상으로 한 개인 및 소기업(SMBs)대출 등 여신 업무가 주요 수익원이다. 중·저신용의 무담보 개인 소액 신용대출 및 중소기업(small and medium sized businesses: SMBs)을 대상으로 여신업무를 이행하고 있으며, 각 상품의 대출한도는 각각 30만 위안, 300만 위안으로 한다. SMBs대출시 54개사의 협력은행이 대출자금의 80퍼센트를 지급하도록 연계해 위뱅크의 자금조달 비용 절감 및 위험 분산 효과 이외에 협력은행과 상호 간 수익 창출을 모색한다.

위뱅크는 화물차 기사 대출과 음식점 대출이라는 특화된 대출상품을 내놓은 바 있다. 훠처방(貨車帮)은 2012년 4월 위뱅크가 선보인 앱인데, 이삿짐을 운반할 화물차 기사를 찾아주는 서비스를 제공한다. 화물차 기사와 손쉽게 접촉할 수 있는 이 앱을 통해 기사의 평판을 조회하고 가격을 협상할 수 있다. 위뱅크는 훠처방의 거래 기록이라는 빅데이터를 분석해 화물차 기사의 신용도를 평가했다. 일감이 몰리는 기사는 평판이 좋고 성실하게 마련이다. 가격을 홍정하는 태도는 개인 유동성을 파악하는 데 도움이 된다. 그리고 한 달 내 운송 건수를 보면 그 사람의 수입을 알 수 있다. 이 같은 분석 작업을 토대로 화물차 기사들에게 저리의 대출상품을 권유하고 대출을 진행한 위뱅크는 8억 위안의 대출 실적을 올렸다. 카카오뱅크 또한 카카오택시 기사를 대상으로 이와 유사한 대출상품을 만들어낼 수 있을 것이다.

일본 라쿠텐뱅크는 전자상거래를 이용하는 고객별 데이터를 분석해 다양한 캠페인을 펼치고 맞춤형 상품을 권유해 고객의 소비를 유도한다. 여수신이 아니더라도 온라인 송금 등에서 꾸준한 수수료 수익을 얻고 있다. 이와 유사한 방식으로, 카카오는 '선물하기' 고객의 데이터를 분석해 상품을 권유하고, 카카오페이 등으로 결제가 이루어지도록 유인해 고객의 소비와 수수료 수익을 이끌어낼 수 있을 것으로 보인다.

GS리테일을 주주로 보유한 K뱅크는 편의점 세븐일레븐을 갖고 있는 일본의 세븐뱅크가 벤치마킹 대상이 될 수 있다. 2001년 4월 설립된 세븐뱅크는 모기업의 방대한 편의점 점포망에 ATM 기기를 설치해 소비자에게 접근하는 '편의점 금융'을 실시했다. 고령화 시대가 일찌감치 도래한 일본에서 세븐뱅크는 활동 범위가 좁은 고령층을 타깃으로 2015년 3월 말 기준 8,564억 엔의 자산 규모와 232억 엔의 당기순이익을 기록하는 등 빠르게 성장했다. 세븐뱅크는 세븐일레븐 점포마다 설치된 ATM 기기를 활용해 초기 인프라 투자 비용을 아꼈다. 2015년 10월 세븐일레븐 점포 수는 1만 8,136개다. 일본 내 점유율이 40퍼센트이다. 국내 편의점 점포 수(2만 6,000개)의 70퍼센트에 달하는 규모다. 또 세븐일레븐이 지닌 브랜드 인지도를 활용해 마케팅 비용을 절감할 수 있었다. 인터넷에 익숙하지 않은 노년층에게 이동 거리가 짧고 365일 24시간 이용 가능한 ATM은 점포로서 큰 강점을 지니고 있었다. 여기에 더해 2007년에는 비자, 아멕스, 디스커버, 다이너스클럽, 유니온페이 등 해외 카드사와 제휴를 맺어 ATM 인출, 해외 송금, 요금 수납도 가능해졌다.

K뱅크도 GS25 편의점에 비치된 ATM을 점포망처럼 활용해 초기 인프라 비용을 절감했다. K뱅크는 전국 GS25 편의점을 비롯해 전국 모든 은행의 ATM 기기 사용 시 수수료를 면제하고 있다. 출금·입금·이체 등 모든 ATM 거래가 해당된다. 아울러 접근성이 뛰어난 ATM을 통해 노년층에게 금융 편의를 제공하면서 고객을 유치할 수도 있다. ATM에 전화기를 설치하고 영상통화가 가능하도록 해 점포에 방문하지 않아도 금융 업무를 해결할 수 있도록 한다면 초기 안착에 도움이 될 것임에 틀림없다.

"모든 회사가
핀테크를 할 것이다"

————

임베디드 파이낸스

"세상 모든 회사가 핀테크가 된다."

이런 말은 실제 현실이 되고 있다. 임베디드 파이낸스가 일상화되고 있기 때문이다. 임베디드 파이낸스란 다양한 소프트웨어와 애플리케이션을 제공하는 비은행 업체가 제공하는 금융서비스를 일컫는다. 쿠팡, 배달의민족, 11번가 같은 앱, 웹을 쓰다가 별도 신용카드 업체 홈페이지에 접속해 결제 정보를 입력한 뒤 다시 해당 페이지로 돌아와서 결제 업무를 처리하는 번거로움 없이 하나의 플랫폼 안에 금융 업무를 처리할 수 있다는 것이다.

미 자산관리회사 라이트이어 캐피털은 임베디드 파이낸스의 세계 시장규모가 2020년 225억 달러에서 2025년 2,298억 달러로 10배 이상 성장할 것이라 전망했다. 그중에서도 결제 부문이 1,408억 달러로 가장 높은 비중을 차지하고, 보험업(707억 달러), 대부업(157억 달러), 자산운용업(26억 달러) 순으로 이어질 것으로 전망된다.

전자상거래에서 더 나아가 네이버나 카카오에 공동인증서를 등록해 전 계좌를 통합적으로 관리할 수 있게 된 점이나 카카오모빌리티, 우티와 같은 택시 호출 앱에 신용카드를 등록해두어 곧장 결제할 수 있도록 한 점 등 외연이 확장되고 있는 추세다. 구글이나 애플, 아마존, 페이스북 같은 업체에서 제공하는 디지털 지갑, 대출, 신용카드 서비스 등도 마찬가지다. 이런 회사들의 목표는 금융 소비자에게 가치를 제공하고, 더 나아가서는 수익을 창출하기 위함이다. 이들 회사는 당장 고객 데이터를 수집해 이를 다시 상품 판매에 활용하기도 한다.

이 같은 양상은 비단 대형 정보기술(IT) 기업에 국한되어 나타나지 않는다. 핀테크 업체 스퀘어는 2020년 2분기에 3억 2,500만 달러의 매출을 올렸는데, 이는 2017년부터 고객에게 맞춤형 카드를 발급해주는 마케타(Marqeta)와 제휴에 P2P 지급결제 서비스를 내놓은 덕분이 크다고 한다. 나아가 음원 스트리밍 서비스 스포티파이는 2020년 3분기 쇼피파이 페이먼츠라는 서비스를 통해 140억 달러 규모의 결제를 처리했다. 이 서비스는 핀테크 업체 스트라이프와 제휴해 제공하고 있다.

임베디드 파이낸스가 발전하게 된 계기는 규제 완화와 기술적인 진화가 병행된 덕분이다. 기존까지 은행에서 열어주지 않았던 민감한 금융 정보를 핀테크 업체들이 제휴를 통해 활용할 수 있게 된 것이다. 국내에서는 오픈API 활성화 방안이 결을 같이 한다고 볼 수 있다. 전 세계적으로 은행 관련 규제는 소비자 권리를 강화하되 데이터 개방을 의무화하는 추세를 보이고 있는 가운데 2018년 1월 13일부터 유럽에서 시행되고 있는 지급결제서비스지침(Payment Services Directive 2, PSD2)은 은행으로 하여금 오픈 API를 통해 고객 데이터를 개방하도록 의무화했다. 이런 가운데 국내에서도 전 금융권의 오픈 API 구축 의무화가 정책적으로 추진, 2019년 12월 오픈뱅킹이 전면 시행됐다.

그중에서도 은행권은 금융업계 내에서 가장 선도적으로 오픈뱅킹을 도입했다. 2021년 1월 말 기준 오픈뱅킹 계좌 수는 1억 1,200만 좌로 집계됐다. 가입자도 6,500만 명(중복 포함)을 넘었다. 이런 오픈뱅킹의 도입은 은행업계에 근본적인 변화를 가져오고 있다. 은행에게 고객 데이터는 핵심자산이다. 은행의 고객 정보에 포함된 거래정보 등 민감한 금융 정보는 고객을 이해하는 단서이자 고객의 니즈를 파악하여 수익을 올릴 수 있는 수단이다. 은행은 그동안 고객의 데이터를 자신의 전유물인 것처럼 폐쇄적으로 운영 · 관리해왔다. 고객에 대한 강력한 정보 우위를 바탕으로 서비스 경쟁력을 유지할 수 있었다.

그러나 오픈뱅킹은 고객 데이터 측면에서 기존 은행과 핀테크와 같은 타 금융서비스 제공자 간 경쟁의 장을 평준화시킨다는 점에서, 은행 및 핀테크 기업 모두에게 새로운 경쟁 체제로 진입하는 분수령으로 작용했다. 특히 은행은 그동안 영위해오던 고객 정보에 대한 경쟁우위를 상당 부분 상실하기 시작했다. 게다가 오픈 API를 통한 고객 데이터 개방은 기존의 전통적인 은행 비즈니스 모델로 대응하기 어려운 디지털 위주의 데이터 생태계를 형성했다. 이 같은 임베디드 파이낸스의 활성화는 인터넷 전문은행에게 기회가 될 수 있다. 인터넷 전문은행은 오픈뱅킹을 활용해 단일 플랫폼에서 여러 핀테크 기업의 금융서비스를 리번들링해 제공할 수 있기 때문이다.

독일의 인터넷 전문은행 N26, 영국의 핀테크기업인 레볼루트(Revolut)와 인터넷 전문은행 스탈링뱅크(Starling Bank)을 살펴보면 힌트를 얻을 수 있다. N26과 스탈링뱅크는 은행 인가를 받은 디지털뱅크이나 코어 뱅킹(core banking) 서비스만을 제공하고 다른 핀테크 기업과 제휴해 다양한 금융서비스를 제공하고 있다. 레볼루트 역시 전자화폐사업자이지만 N26과 스탈링뱅크와 동일한 방식으로 다양한 금융서비스를 제공하고 있다. 특히 레볼루트는 디지털뱅크가 아니지만 사실상 N26과 거의 유사하게 은행과 같은 금융서비스를 제공하면서 N26의 경쟁상대로 평가받고 있다.

로보어드바이저를 도입하라

중장기적으로 인터넷 전문은행은 로보어드바이저(Robo-Advisor)를 통한 자문서비스, 펀드 판매 등의 다양한 업무영역으로 확대해야 경쟁력을 확보할 수 있다. 인터넷 전문은행이 '로보어드바이저'를 성장 동력으로 삼겠다고 선언하자 시중은행부터 증권사, 자산운용사까지 너 나 할 것 없이 로봇 자산관리 서비스를 출시했다.

로보어드바이저는 고객의 투자 성향부터 예·적금, 채권부터 펀드, 선물 동향 등 다양한 금융상품에 대한 빅데이터와 빅데이터 분석 기법(알고리즘)을 활용해 고객에게 맞춤형 자산관리 서비스를 제공하는 새로운 형태의 금융자문업이라고 정의할 수 있다. NH투자증권은 2016년 1월 국내 최초 로보어드바이저 'QV 로보어카운트'를 내놨고, KB국민은행은 쿼터백투자자문과 함께 로보어드바이저 자문형 신탁상품을 선보였다. 대우증권은 2016년 3월 로보어드바이저 업체를 총망라한 온라인 마켓 '로보어드바이저 마켓'을 출시한다는 입장이다.

로보어드바이저에 대한 니즈는 보이지 않게 차츰 늘어나고 있다.

우선 수요 측면에서 보면 저금리, 저성장 기조 탓에 고객들의 목표 수익률이 낮아지자 예·적금에 탈피한 새로운 자산배분 요구가 늘어났다. 또 금융서비스에 대한 고객들의 눈높이가 올라가면서 맞춤형 PB 서비스를 필요로 하는 소액 운용자들이 많아지고 있다. 그간 이들은 기존 자산관리 서비스의 높은 진입 장벽(최소 자산 기준, 수수료 등) 탓에 금융기관을 찾지 않았다. 손쉽게 맞춤형 포트폴리오를 제공하고 수수료도 저렴한 로보어드바이저로 눈길을 돌리지 않을 이유가 없어진 셈이다.

공급 측면에서 보면, 핀테크 물결로 IT 업체의 금융 진입 장벽이 낮아졌고 빅데이터 분석 기법과 같은 IT 기술이 선진화해 로보어드바이저 서비스를 제공하고자 하는 업체가 늘어나는 추세다. 이 같은 배경 아래 최첨단 핀테크 서비스를 제공할 인터넷 전문은행이 로보어드바이저를 이슈로 만드는 일종의 촉매제 역할을 하게 됐다고 볼 수 있다.

로보어드바이저에 대한 기대는 더욱 늘어날 전망이다. 한 여론조사 전문기관의 보고서에 따르면, 금융거래 소비자 가운데 35.3퍼센트가 자산관리 상담 서비스를 이용할 의향이 있으며, 특히 20~30대의 이용 의향이 높게 나타나는 것으로 알려져 있기 때문이다.

로보어드바이저의 자산관리 서비스는 어떻게 구성될까? 미국의 핀테크 업체인 웰스프런트(Wealthfront)가 제공하는 프로세스는 크게 다섯 단계로 나뉜다. 먼저 현재의 투자 환경 분석을 통해 이상적인 자산 클래스(Asset Class)를 설정한다. 현재 시장 상황에 대한 판단을 통해 주식, 채권, 대체투자 등과 같은 자산군을 분류하는 것이다. 그다음은 각 자산 클래스별로 낮은 비용의 상장지수펀드(ETF)를 선택한다. 레버리지(차입) 2배, 3배 등을 제외한다든지 일정 수준 이상 거래대금이 발생해야 한다든지, 보수 한도 기준을 정한다든지 하는 방식으로 필터링을 한 뒤 ETF를 선정한다. 그런 뒤에 고객 성향을 위험 요인(risk factor)으로 분류해 적정 베타값을 설정하고, 이를 기반으로 현대 포트폴리오 이론(MPT)을 적용한 자산 배분을 시작한다. 마지막으로 모니터링 및 주기적인 리밸런싱(rebalancing)을 통해 성과 향상을 추구한다.

미국에서는 로보어드바이저가 관리하는 자산 규모가 빠르게 늘어나고 있다.

[표] 미국 로보어드바이저 업체별 자산관리 서비스 내역

업체	최소 투자액	연 수수료	연 ETF 보수	포트폴리오	옵션
배터먼트	제한 없음	1만 달러 이하 0.35% 1만 달러 이상 0.25%	0.05 ~0.35%	최대 12개 ETF	목표 및 ETF 비중 변경 가능

찰스슈워브 인텔리전트 포트폴리오	5,000달러	없음	0.0 4~0.48%	최대 20개 ETF	제안된 ETF 가운데 3개까지 삭제 가능
코베스터 코어 포트폴리오	1만 달러	약 20달러	0.05 ~0.75%	5~10개 ETF	–
피델리티 인베스트먼트 포트폴리오 빌더	2,500달러	거래당 7.95달러	0.07 ~0.45%	2~10개 ETF	배분 비중 변경 가능
헷지어블	5,000달러	10만 달러 미만 0.75% 10만 달러 이상 0.65%	0.05 ~0.88%	ETF 및 개별 주식	주식, 비트코인, MLP, PE 제공 가능
모티프 인베스팅 호라이즌 포트폴리오	250달러	없음	0.05 ~0.75%	6개 ETF	자산배분 조정 가능 및 9.95달러로 직접 생성 가능
퍼스널 캐피탈	10만 달러	100만 달러 이하 0.89% 초과 금액 0.49 ~0.79%	0.06 ~0.10%	최대 100개 주식 최대 20개 ETF	자산관리사와 상담 가능
리밸런스 IRA	10만 달러	0.5%, 첫 번째 250달러 셋업 수수료	0.05 ~0.6%	10개 ETF	자산관리사와 상담 가능
시그피그	2,000달러	1만 달러 이상 0.25%	0.05 ~0.15%	6개 ETF	리스크 레벨 변경 가능

자료: WSJ, 현대증권

글로벌 시장조사기관 스타티스타에 따르면 세계 로보어드바이저 시장 규모는 2018년 5,432억 달러(약 604조 원)에서 2023년 2조 5,523억 달러(약 2,838조 원)로 성장이 예상된다.

미국 로보어드바이저의 특징을 살펴보면, 기본적으로 고객으로부터 받은 최초 설문조사를 자산관리의 최초 근간으로 삼는다. 최소 투자금액의 경우 0달러부터 10만 달러까지 천차만별이며 연간 수수료도 0~0.9퍼센트로 다양하다. 다만 상위 업체 기준 0.2~0.3퍼센트로 책정돼 있고, 포트폴리오는 주로 ETF를 기본으로 한다. 몇몇 업체는 주식 편입을 가능하게 하거나 고객이 직접 포트폴리오 결과에 따라 조정을 가능하게 하는 특화 서비스를 제공한다.

로보어드바이저에 대한 비판도 존재한다. 대부분의 로보어드바이저 업체가 미국 증시 호황 국면에 설립됐으며 금융위기와 같은 대형 하락장을 경험한 적이 없어 대응력 검증이 필요하다는 것이다.

해외 인터넷 전문은행에서는 로보어드바이저 도입을 통해 수익 창출과 함께 고객 저변을 넓히고 있다. 일본 대표 인터넷 전문은행인 SBI 스미신 넷 뱅크는 일반 예금이외에 SBI 증권사와 연계된 예금(하이브리드 예금)으로 SBI 증권사 계좌를 통한 주식, 신탁, 채권(외국환 표시 채권) 등과 같은 투자 상품거래를 가능하도록 하고 있다. 이와 관련된 수수료도 해당 계좌에 연계해서 이용하도록 한다. 또한 고객 자산관리 부문에 자산배분, 상품선택 등 로보어드바이저를 도입해 운영한다.

미국 인터넷 전문은행 얼라이뱅크는 자동차 금융, 해당업체 딜러 대상의 대출, 보험 업무 등을 주로 취급한다. 그 밖에 증권 투자상품도 운영한다. 은행 부문의 경우 예금 이외에 양도성 예금증서(CDs)를 판매한다. 대출상품의 경우 개인 및 기업 부문의 자동차 할부금융과 모기지론 등을 운영한다. 또한 ETF, 옵션, 채권, 뮤추얼 펀드 등 다양한 금융투자 상품도 함께 제공하고 있다.

INTERNET
ONLY
BANK

5장

전 세계의 인터넷 전문은행

전 세계의
인터넷 전문은행

미국의 인터넷 전문은행

미국 포브스가 선정한 8월의 최고 온라인 뱅크를 보면 미국에서
급성장하고 있는 인터넷 전문은행의 동향을 파악해볼 수 있다. 포
브스는 60개 국가의 온라인 은행의 상품과 서비스를 비교해 연간수
익률(APYs) 등 자신들이 설정한 기준에 따라 각 분야에서의 최고 인
터넷 전문은행을 꼽았다.

온라인 뱅킹 전체 최고 부문은 Axos Bank가 수상했다. 이유는 낮
은 수수료와 높은 연간수익률이었다. 고객들은 미 전역에서 9만
1,000대의 ATM을 무료로 활용할 수 있다. 또 전화와 보안 온라인
메시지를 통해 연중무휴로 고객 상담을 받을 수 있다. 이 회사는

1999년 인터넷뱅크USA(Bank of Internet USA)라는 이름으로 시작했다. 이름에서 짐작할 수 있듯 전 세계에서 최초로 등장한 디지털뱅크 중 한 곳이었다. (현재의 이름으로는 2018년에 바뀌었다.)

이 은행은 당해 7월 4일에 오픈했다. 이유는 분명했다. 그날은 전통 은행들이 쉬는 날인 공휴일이었는데, 사람들에게 온라인 은행은 공휴일에도 이용할 수 있음을 각인시키기 위해서였다는 것이다. 목표 또한 분명했다. 오프라인 지점에서 발생하는 비효율을 제거해 온라인에서 효율적인 금융서비스를 제공한다는 것이었다. 그 결과 2005년에는 나스닥 시장에 상장했고 직원 수는 2007년 35명에서 2015년 534명으로 빠르게 성장했다. 2021년 6월 현재 순수입은 전년 동기 대비 20퍼센트 이상 성장한 2억 1,570만 달러를 기록하고 있다.

포브스 선정과는 별개로 미국 최초의 인터넷 전문은행은 시큐리티 퍼스트 네트워크 뱅크(SFNB)다. 1995년 10월 미국 중남부 켄터키주 파인빌에 둥지를 텄다. 이 회사는 소프트웨어 회사인 시큐리티 퍼스트 테크놀로지가 설립했다. 몇 해 못가 로얄 뱅크 캐나다(RBC)가 인수했고, 온라인 뱅킹 부문만을 RBC 센츄라로 리브랜딩해 서비스하기 시작했다. 이 회사는 온라인으로 계좌와 결제 청구서, 수표 이미지 보기 등을 할 수 있도록 했다. 지금은 보편화된 서비스지만 온라인이 발달하기 전인 당시에는 선제적인 서비스였다.

바로뱅크(Varo Bank)는 최고 고수익 계좌 부문에서 수상을 한 업체. 모든 잔액에 대해 0.2퍼센트의 연간수익률을 제공하며, 특정 요구사항을 충족하면 최대 3퍼센트의 연간수익률을 얻을 수 있다. 저축 상품에 대한 월별 수수료나 최소 잔액 요건 같은 것을 과감히 없앴다. 고객 서비스도 전화나 이메일을 통해 일주일에 7일 동안 받을 수 있다는 특징이 있다. 바로뱅크는 기성 은행들로부터 환멸감을 느낀 밀레니얼을 포함한 젊은 세대들을 타겟으로 2015년 설립됐다. 웹사이트가 아닌 앱을 통해서만 운영되는 이유이기도 하다. 그들은 내 스스로 뱅킹 서비스 플랫폼을 구축했다. 덕분에 아웃소싱을 줘야만 핀테크 사업을 영위할 수 있는 기성 은행들과 차별점을 만들어낼 수 있었다.

nbkc뱅크는 당좌, 저축 계좌 조합에서 최고점을 받았다. 이 은행의 Everything Account는 당좌 예금과 저축 예금을 하나로 합친 계좌다. 하나의 계좌에서 지출하고 저축하고 청구서를 지불할 수도 있다. 무엇보다 수수료를 절대 최소로 유지하는 은행이다. 당좌대월 수수료, 최소 잔액 수수료는 물론이고 관리비 수수료, 해외 거래 수수료까지 무료다. 미국 캔자스주 오버랜드파크에 본사를 둔 이 회사는 1999년 호라이즌 내셔널 뱅크로 설립됐다. 2004년에 내셔널뱅크오브칸자스시티로 사명을 변경한 뒤 2015년에 현재의 이름으로 리브랜딩했다.

고객 경험 측면에서 최고 점수를 받은 은행은 얼라이뱅크. 365일 통화 가능한 고객 서비스를 통해 높은 고객 만족 점수를 얻고 있다. 라이브 채팅, 이메일 등을 통해서도 답변을 받을 수 있다. 애플 앱스토어나 구글 플레이스토에서도 앱 사용성 측면에서 높은 별점을 받고 있다. 모회사는 자동차 제조사로 알려진 제너럴 모터스(GM). 자동차 고객 대상 금융서비스를 영위하기 위해 GMAC이라는 이름으로 1919년 설립되었는데, 서비스 범위를 넓혀가면서 2000년에 인터넷 전문은행 GMAC 뱅크를 만들기에 이르렀다. 현재의 이름은 2009년 리브랜딩 한 것이다. 2016년 5월부터 디지털 모기지 사업을 확장하고 있다.

퀀틱뱅크는 최고의 캐시백 보상을 해주는 은행으로 꼽혔다. 당좌예금 계좌와 연동한 직불카드를 사용하면 최대 1.5퍼센트를 현금으로 제공한다. 특정 월별 요건을 충족하면 최대 1.01퍼센트의 연간 수익률을 주기도 한다. 전국 9만 대의 ATM 무료 사용은 덤이다. 이 은행은 뉴욕 맨해튼에 본사를 두고 있다. 다른 인터넷 전문은행들과의 차이는 스스로에게 사회적 가치를 창출하겠다는 미션을 부여하고 있다는 것이다. 퀀틱뱅크는 은행이 부족하거나, 서비스가 부족한 이들에게 뱅킹 솔루션과 주택 금융 기회를 제공하겠다고 밝히고 있다. 영세 자영업자, 이민자 등 다양한 배경의 사람들에게 금융을 제공하겠다는 것이다.

퀀틱뱅크는 2009년 부동산 개발자이자 기업가가 부실 은행이던 골든 퍼스트 은행을 인수하며 출범했다. 2015년 안전하면서 저렴한 대출 상품을 내놓아 저소득층이 주택 소유의 꿈을 이룰 수 있도록 근거를 마련해주었다. 2020년 12월에는 미국 최초로 비트코인 보상 당좌 예금 계좌를 개설해 눈길을 끌기도 했다. 암호화폐 초보자들이 직불카드 사용에 따른 캐시백으로 비트코인을 받을 수 있도록 했는데 덕분에 재미를 본 사람이 많다는 설명이다.

디스커버뱅크는 베스트 수수료 회피 상을 받았다. 관리비, 잔금 부족, 자사망 외 ATM 사용 등에 있어서 수수료를 부과하지 않는다. 또 결제 중지, 반품, 과다 인출 등에도 수수료를 부과하지 않는 정책으로 이용자들의 편의를 높였다. 이 회사는 1911년 8월 설립된 그린우드 트러스트 컴퍼니(The Greenwood Trust Company)를 모태로 한다. 디스커버 파이낸셜 서비스(Discover Financial Services)가 1985년 인수했으며, 2000년 8월 현재의 사명으로 바꾸었다. 현재는 디스커버 파이낸셜 서비스의 디지털 뱅킹 부문으로 있다.

이 회사는 연중무휴로 미국 기반의 은행 스페셜리스트가 고객을 응대한다. 디스커버카드는 서비스 수준이 높아 고객 충성도가 높다. 절차를 간소화해 스마트폰 앱 접근성도 높였다. 지문을 대거나 4자리 비밀번호를 입력하면 되는데, 앱에 접속해 위치 동의를 하면 전국에 있는 ATM을 쉽게 찾을 수 있다. 2020년 현재 대출 자산은

904억 달러 수준. 예금은 635억 달러를 보유하고 있다.

차임(Chime)은 자동 저축상을 받았다. 미국에서 로빈후드와 함께 MZ 세대를 저격한 핀테크 서비스 말이다. 이 회사는 고객에게 자동으로 저축하는 도구를 제공하면서 인기를 끌었다. 'The Save When You Spend'라는 상품은 거래가 일어날 때마다 자동으로 소액의 금액이 저축되게 한다. 혁신성, 참신성을 인정받은 '월급 이틀 당겨 받기'와 같은 서비스도 여기에 포함된다. 'The Save When I Get Paid'는 급여를 받을 때마다 급여의 10퍼센트를 저축 계좌로 이전하는 옵션을 제공하기도 한다. 차임은 2013년 미 캘리포니아주 샌 프란시스코에 설립된 핀테크 업체. 수수료 없는 모바일 뱅크를 지향하며 출범했다. 2021년에는 초창기 구글, 애플 등에 투자한 벤처캐피털인 세쿼이아캐피털로부터 7억 5,000만 달러를 투자 받아 250억 달러의 기업가치를 평가받기도 했다.

【표】미국 주요 인터넷 전문은행 현황

(단위: 억 달러)

은행	설립연도	총자산	총예금	순이익	주요사업
찰스스왑뱅크	2003	1056	973.9	7.0	유가증권(ABS 등), 부동산담보대출
얼라이뱅크	2004	1008	568.0	8.5	기업대출

디스커버뱅크	1911	791.2	453.9	18.5	개인대출(신용카드)
USAA FSB	1983	661.8	588.0	5.8	개인대출(신용카드, 자동차)
싱크러니뱅크	1988	461.0	333.4	13.0	개인대출(신용카드)
E*트레이드뱅크	1933	445.1	329.3	3.4	유가증권, 부동산담보대출
아메리칸 익스프레스뱅크	2000	430.5	291.8	15.7	기업대출, 개인대출(신용카드)
바클레이스뱅크	2001	241.6	150.0	1.2	개인대출(신용카드)
CIT뱅크	2000	203.3	144.3	0.9	기업대출
GE캐피탈뱅크	1993	198.9	161.6	1.5	기업대출
스테이트팜뱅크	1999	170.2	106.4	0.5	부동산담보대출, 개인대출(자동차)
살리메뱅크	2005	114.8	97.4	1.9	개인대출(학자금)
BMW뱅크	1999	99.8	62.1	1.0	개인대출 (자동차대출)
네이션와이드뱅크	1998	60.2	43.8	0.4	부동산담보대출, 개인대출(자동차)
뵙티페더럴뱅크	2000	48.2	32.6	0.5	부동산담보대출
프린시플뱅크	1998	21.5	19.5	0.2	유가증권, 부동산담보대출

콜로라도 Fsb	1990	18.0	12.4	0.1	유가증권, 부동산담보대출
알로스타뱅크	2011	9.2	6.5	0.03	기업대출
퍼스트인터넷뱅크	1998	9.2	7.5	0.04	부동산담보대출
노드스톰 Fsb	1991	2.3	0.5	0.9	개인대출(신용카드)
계		6050	4383	80.9	
전체은행대비		3.9%	4.3%	6.9%	

총자산, 총예금은 2014년 9월 말 기준. 당기순이익은 2014년 1~9월 기준
설립연도는 모회사 기준
자료: FDIC, 우리금융경영연구소, 옐로금융그룹

포브스가 선정한 곳들 외에도 온라인을 주축으로 사업을 진행하고 있는 인터넷 전문은행들이 많다.

USAA FSB(United Services Automobile Association Federal Savings Bank)는 미국 텍사스 주 샌 안토니오에 본사를 둔 은행으로 1983년 12월 설립됐다. 완전한 의미의 인터넷 전문은행은 아니나 일찌감치 미군과 그들의 직계가족을 대상으로 온라인으로 뱅킹 서비스를 시작하면서 성장했다. 공과금이나 보험료 등의 납부뿐 아니라 투자, 보험 등 다양한 서비스를 제공하며, 이 회사의 가장 큰 특징은 전국 어느 ATM에서도 직불카드 수수료가 공짜라는 점이다. 물론 매달 내야 하는 서비스 수수료도 없다. 이자율은 2016년 1월 현재 0.05퍼센트

로 미국 전체 평균 금리(0.13%)에 못 미친다. 다만 매달 나가는 계좌 유지 수수료가 없다.

싱크러니뱅크(Synchrony Bank)는 1988년 모노그램뱅크(Monogram Bank)라는 이름으로 설립됐다. 모회사는 싱크러니 파이낸셜(Synchrony Financial)로 GE캐피털로부터 신용카드사업 부문을 받아 세를 키운 금융 업체다. 2018년 모회사가 페이팔의 76억 달러 규모 신용채권 포트폴리오를 인수하면서 싱크러니뱅크의 역할이 커졌다. 페이팔은 미국에서의 자신들의 신용 판매시점관리(POS) 금융 프로그램의 독점 발행자(2028년까지)로 싱크러니뱅크를 택했다.

모건스탠리의 자회사 E*트레이드는 E*트레이드뱅크(E*Trade Bank)를 운영 중이다. E*트레이드는 1982년 캘리포니아주 팰로앨토에서 설립한 이래 온라인 증권 거래업으로 사세를 키우다 온라인뱅크까지 영역을 넓혔다. 이 회사는 닷컴버블이 고조되던 시점인 1996년 하루에 7만 3,000개의 계좌와 8,000개가 넘는 거래를 처리하며 성장 가도를 달렸다. 이 회사는 시중은행이 제공하듯 예금계좌, 금융시장계좌, 당좌예금계좌 등의 서비스를 인터넷, 전화, 그리고 다른 채널들을 통해 제공해왔다. 무엇보다 투자고객의 현금자산관리 서비스를 제공하며 안정적으로 성장했다.

아메리칸익스프레스뱅크(American Express Bank)는 모회사인 대형 카드회사 아메리칸익스프레스로부터 독립해 2000년 설립됐다. 모바일 앱을 이용해 쉽게 계좌를 열 수 있다. 높은 정기 예·적금 금리를 제공해 수익을 올렸고, 계좌유지 수수료, 계좌 의무 잔고 보유액은 없다. 모바일 앱으로 쉽게 거래내역을 확인할 수 있고 펀드 이체도 자유롭게 설정할 수 있다.

CIT뱅크(CIT Bank)는 2000년 CIT 온라인 뱅크라는 이름으로 설립됐다가 2002년에 현재의 이름으로 바뀌었다. CIT뱅크의 지주회사는 다양한 산업군의 중산층을 상대로 대출상품을 판매하는 CIT그룹이다. CIT그룹은 2008년부터 비즈니스를 은행에 집중하면서 예금이자를 경쟁적으로 책정하기 시작했다. 현재 CIT뱅크는 미국에서 가장 높은 이자율을 자랑하는 보통예금, 정기예·적금, 퇴직연금을 운용하고 있다. CIT뱅크 고객에게는 CIT그룹 어느 계좌든지 무료로 이체할 수 있는 혜택이 있으며 2만 5,000달러 이상 잔고를 보유할 때는 외부 은행에 송금하는 비용도 무료다.

GE캐피탈뱅크는 1993년에 설립된 GE파이낸셜서비스의 인터넷뱅킹 부서다. GE캐피탈뱅크는 GE가 설립한 금융서비스 회사 가운데 하나로, 예금계좌와 상업적인 임대, 비즈니스 대출자금 등 금융서비스를 제공해오고 있다. GE는 2015년 8월 골드만삭스뱅크(USAGoldman Sachs Bank USA)에 14만 명의 일반 고객을 보유하고 있는 GE캐피탈 온라인 예금 플랫폼을 매각하기로 결정했다. 스테이트팜뱅크(State Farm Bank)는 권투로 치면 미들급 은행이다. 보험회사인 스테이트팜으로부터 1999년 독립했다. 이 은행은 뉴욕화폐교환소(NYCE), 플러스(PLUS), 펄스(PULSE), 스타(STAR) 등 수많은 ATM 네트워크 회사들과 제휴를 맺어 업무를 보는 고객들의 편의를 증진시켰다. 물리적인 점포가 없으며, 고객들은 웹사이트 플랫폼을 기반으로 펀드에 불입하거나 이체하고 공과금을 납부한다. 모바일 앱을 통해 쉽게 계좌 관리가 가능하다. 퇴직 계좌를 등록한 뒤 온라인뱅킹 시스템을 이용해 펀드 현황을 모니터링할 수 있다.

살리메뱅크(Sallie Mae Bank)는 학자금대출 유동화를 전문으로 하는 학자금대출 정부지원기업(GSE)를 모태로 한다. 2005년 대출 업무를 영위하기 위해 설립된 이 은행은 대학생과 대학원생들에게 대출을 제공하며, K-12(한국의 경우 고3 학생)를 대상으로 한 가족대출도 영위한다. 살리메뱅크에는 리테일 고객을 대상으로 크게 세 가지 다른 유형의 예금이 있다. 단기금융상품에 집중적으로 투자하는 머니마켓, 당좌예금계좌, 예·적금이 그것이다. 특히 머니마켓 부문의 경우, 미국에서도 가장 높은 실적을 기록했다는 평가를 받는다. 다른 인터넷 전문은행과 마찬가지로 계좌유지 비용, 계좌유지를 위한 최소 잔고 기준 등은 없다.

BMW뱅크는 자동차 제조회사인 모회사 고객을 대상으로 리스를 제공하거나 오토론을 판매한다. 신용카드 사업도 한다. BMW카드 이용 고객은 마일리지 적립 포인트인 BMW리워드를 BMW 자동차 정비센터에서 사용할 수 있다.

네이션와이드뱅크(Nationwide Bank)는 모바일뱅킹 앱으로 공과금을 쉽게 납부할 수 있다는 특징이 있다. 1998년 네이션와이드트러스트컴퍼니로 설립됐고, 대중에게 서비스를 시작한 것은 2007년부터다. 스테이트팜뱅크와 마찬가지로 보험회사 네이션와이드를 모회사로 두고 있다. 네이션와이드가 제공했던 자동차보험과 같은 보험상품과 더불어 다양한 금융상품과 금융서비스는 향후 네이션와이드뱅크가 도맡게 됐다. 네이션와이드의 ATM은 이용 수수료가 없으며, 머니마켓계좌는 시중은행의 온라인 당좌계좌에 비해 높은 이자율을 제공한다. 웹사이트는 머니마켓계좌와 다른 계좌의 성과물을 비교한 차트를 제공해 고객들이 머니마켓계좌에 가입할 수 있도록 유도한다.

알로스타뱅크(AloStar Bank)는 2011년 설립된 상대적으로 신생 은행으로 버밍엄에 사무실이 있다. 전통적인 의미의 점포는 없으나 48개 주에 예금자를 보유하고 있는 등 고객 기반이 넓다. 알로스타뱅크의 고객은 인터넷 플랫폼 기반으로 자신의 계좌를 관리할 수 있다. 알로(Alo)는 라틴어로 '영양분을 제공하다(nourish)', 스타는 '빛을 내다'는 의미 또는 '운명'을 의미한다.

일본의 인터넷 전문은행

일본 인터넷 전문은행으로는 재팬넷뱅크, 소니뱅크, 라쿠텐뱅크, 세븐뱅크, SBI스미신넷뱅크, 이온뱅크, 지분뱅크, 다이와넥스트뱅크, GMO아오조라, 로손뱅크 등을 꼽을 수 있다. GMO아오조라(2016년), 로손뱅크(2018년)의 경우 비교적 최근에 설립됐다

이들 10여 개 인터넷전문은행의 총자산은 2017년 회계연도(2017년 4월~2018년 3월) 기준(로손뱅크는 2018년 기준)으로 20조9810억 엔, 예수금은 17조5440억 엔, 당기순이익은 698억 엔 규모다. 한국의 은행과 비교하자면 국내 최고 은행인 KB국민은행(400조 원)과 유사하다고 볼 수 있다. 일본 금융청은 2000년 8월 산업자본 참여를 통한 인터넷 전문은행 설립이 가능하도록 관련 인가와 감독지침을 마련했다. 이후 ICT, 유통, 제조, 증권사, 카드사 등이 100% 출자하거나 은행과 공동 출자하는 방식 등을 통해 인터넷 전문은행 설립이 가속화됐다.

일본 인터넷 전문은행은 크게 ▲결제업무 중심 ▲증권계좌 연계 중심 ▲예금업무 중심 ▲모회사와 강한 유대의 네 가지 유형으로 나누어볼 수 있다.

결제업무 중심의 인터넷 전문은행에는 전자상거래기업 라쿠텐이 모회사인 라쿠텐뱅크와 야후재팬이 주주로 있는 재팬넷뱅크 등이

있다. 라쿠텐뱅크는 2000년 1월 라쿠텐이 설립했다. 최초에는 'e뱅크'였다가 2010년 현재의 이름으로 바꾸었다. 라쿠텐뱅크는 신사업의 일환으로 중소기업을 타깃으로 한 대출사업에도 손을 델 것으로 전망된다.

일본 인터넷전문은행 경영현황 (단위 : 십억엔)

	영업 개시	총자산[1]	예수금[1]	당기 순이익[1]	주요 주주
재팬네트 은행	2000	830	750	2.1	SMBC 44.25%, 야후 44.25% 등
소니은행	2001	2,651	2,219	4.7	소니파이낸셜 홀딩스 100%
라쿠텐 은행	2001	2,354	2,010	16.4	라쿠텐 카드 100%
세븐은행	2001	1,023	623	25.3	세븐일레븐재팬 38.09%, SMBC 1.25% 등
SBI 주신네트 은행	2007	5,040	4,426	10.4	미쓰이스미토모 신탁 50%, SBI홀딩스50%
이온은행	2007	3,654	3,052	8.0	이온파이낸셜 서비스 100%
지분은행	2008	1,083	907	1.1	미쓰비시UFJ은행 50%, AU 50%
다이와 넥스트 은행	2011	4,334	3,556	2.9	다이와증권그룹 100%

GMO 아오조라[2]	2016	12	0	-1.2	아오조라은행 91.2%, GMO인터넷 4.4% 등
로손은행	2018	385	14	-0.2	로손 95%, 미쓰비시UFJ은행 5% 등
합계		20,981	17,544	69.8	

주: 1) 2017(17.4~18.3월)연도 기준, 로손은행은 2018연도 기준
2) 2016년 아오조라은행이 GMO와의 제휴를 통해 일반 은행에서 인터넷전문은행으로 전환
자료: 각 회사 홈페이지, Bloomberg

재팬넷뱅크는 2009년 9월 미쓰이스미토모뱅크, 후지쯔, 일본생명보험, 미쓰이, 일본전신전화, NTT도코모 등이 지분을 투자해 설립했다. 재팬넷뱅크는 야후재팬을 주주로 받아들이면서 결제수수료에서 상당한 이익을 내는 금융회사로 거듭났다. 야후재팬 포털의 상품거래, 경매 서비스는 결제 서비스의 불편으로 인해 고객 만족도가 낮았다. 재팬넷에 출자해 주주가 된 이래 야후재팬에 가입한 고객은 ID, 비밀번호만으로 인터넷 전문은행 계좌에서 대금을 자동으로 인출할 수 있게 됐다. 또 온라인 쇼핑몰, 경매, 경마, 복권 등과 연계된 소액결제 서비스가 특징이다.

2006년 4월에는 미쓰이스미토모신탁뱅크(SMTB)와 SBI홀딩스가 합작해 SBI스미신넷뱅크를 만들었다. 2006년 5월에는 일본 최대 규모의 도쿄미쓰비시UFJ뱅크(BTMU)가 2대 통신사 KDDI와 합작해

지분뱅크를 설립했다. 대형 은행과 통신사의 결합으로 탄탄한 고객 기반을 자랑하며 스마트폰뱅킹 서비스가 잘 갖춰져 있다. 이를 기반으로 비대면 계좌 개설 서비스를 제공하는 등 발 빠른 행보를 보이고 있다.

KDDI 이용자 전용 뱅킹 서비스도 있다. 참고로 사쿠라뱅크와 스미토모뱅크는 2001년 4월 합병해 미쓰이스미토모뱅크가 됐다. 다이와넥스트뱅크, SBI스미신넷뱅크 등은 증권계좌 연계가 중심이다. 지난 2010년 4월에는 비은행 금융회사 다이와증권그룹이 다이와넥스트뱅크를 설립했다. 이 은행들은 계열 증권회사와 함께 계좌 간 자금연동 서비스, 통합자산관리, 간편 입출금, 원스톱 로그인 등 연계 서비스를 제공하고 있다. 이들은 금융상품 중개업자로서 고객에게 모든 투자상품을 안내하고 권유한다. 다만 직접적인 계약과 판매는 계열 증권사가 담당한다. 다이와증권, SBI증권 등 계열 증권사는 계열 인터넷 전문은행을 소속 은행으로 하는 은행대리업자로 은행계좌 개설, 예금상품 판매, 타 은행상품 권유 등 업무를 수행하기도 한다. 증권사와 은행이 서로의 업무를 대행하는 셈이다. 여기서 은행대리업자란 금융당국으로부터 허가를 받은 곳으로, 위탁받은 소속 은행을 위해 은행 본업인 예금, 대출, 채무보증, 환전 수납·보관 등의 업무를 수행하는 자를 말한다.

다이와넥스트뱅크는 60대 이상 시니어층을 주요 고객군으로 하며 창구에 가면 계좌 개설에 관한 도움을 받을 수 있다. 이 은행은 5년 뒤 타깃층을 40~50대로 설정한다는 방침을 세우고 있다. 현재의 인터넷 전문은행은 사실 기존 은행과 큰 차이가 없지만 향후 고객층을 위해 모바일의 필요성은 인정하고 있다. 다이와넥스트뱅크는 그동안 자산관리를 해왔던 자산가층 시니어에 대한 빅데이터를 활용해 더 나은 방식으로 투자자문을 할 수 있다고 설명한다.

SBI스미신넷뱅크의 경우 엔·외화 보통예금, 정기예금부터 카드론, 부동산담보대출, 목적대출, 모기지와 펀드, 채권 등 투자상품을 다루는 풀뱅킹(Full Banking)을 지향한다. 또 의료보험, 자동차보험, 사망보험 등 다양한 금융상품을 취급한다.

최근에는 인공지능(AI), 블록체인, 빅데이터, 클라우드 컴퓨팅 등 기술의 급속한 발전에 뒤따르고자 사업을 확대하고 있다. '네오뱅크 이니셔티브'가 대표적이다. 네오뱅크 이니셔티브는 자체 뱅킹 기능들을 파트너들에게 제공한다는 취지이다. 이 같은 흐름하에 2020년 4월 일본항공(JAL)이 JAL 네오뱅크를 서비스하기에 이르렀다.

소니뱅크는 예금업무를 중심으로 하며 상대적으로 대출, 자산관리 부문에 강점이 있다. 인터넷 전문은행임에도 대출 상담을 위한 오프라인 점포가 상대적으로 많은 편이다. 모회사와 강한 유대를 보이는 은행은 일본 대형 통신회사 KDDI와 대형 은행 미쓰비시도쿄 UFJ뱅크가 대주주인 지분뱅크다. 이 밖에 2001년 4월에는 세븐일레븐이, 2006년 5월에는 이온이 각각 세븐뱅크와 이온뱅크를 설립했다.

세븐뱅크의 경우 세븐앤드 아이홀딩스(Seven & I Holdings)가 주주인데, 일본에서 대형 쇼핑몰을 운영하는 기업이다. 세븐뱅크 이용자들은 세븐일레븐뿐만 아니라 이 쇼핑몰에 구비된 ATM을 이용할 수 있다. 이온은 일본 최대 쇼핑몰로 외부가 아닌 쇼핑몰 내에 은행점포가 있다.

일본 인터넷 전문은행은 전통 은행과 법적으로 차이가 없다. 다만 공무원 급여, 국민연금 등은 인터넷 전문은행에서 수령할 수 없다. 또 대출금이 연봉의 3분의 1을 넘어설 수 없다는 규정의 제한을 받지 않지만 일본 인터넷 전문은행은 자체적으로 이 규정을 따르고 있다. 일본의 인터넷 전문은행도 미국의 인터넷 전문은행과 마찬가지로 무점포를 지향한다. 여기서 아낀 인건비, 운영비를 고객에게 예금금리 형태로 제공한다.

2015년 1월 기준 라쿠텐뱅크(0.3%), 세븐뱅크(0.28%), SBI스미신넷뱅크(0.2%) 등 인터넷 전문은행은 일반 시중은행(0.025%) 대비 높은 정기예금(1년) 금리를 제시하고 있는 것으로 알려져 있다. 수수료 혜택도 있다. ATM, 송금수수료는 은행이 얻는 대표적으로 안정적인 수입원이지만, 인터넷 전문은행은 일반 은행이 최대 864엔까지 받는 수수료를 받지 않거나 일부(154엔)만 받는다. 시중은행이 취급하고 있는 예금, 대출, 카드, 보험, 외환 등의 금융서비스도 영위하고 있으며 대출, 유가증권 운영에 따른 이자수익, 수수료, 유가증권 매매수익 등 비(非)이자 수익도 확대해 나가는 추세다.

다만 일본의 인터넷 전문은행이라고 해서 고민이 없는 것은 아니다. 도입 20년이 훌쩍 넘었으나 기존 은행의 대안 세력으로 자리매김했다고 보기는 어렵기 때문이다. 비대면 거래 활성화를 통한 고객 편의 증진과 수수료 절감과 같은 효과는 거뒀으나 모회사나 계열사에 기댄 시너지 영업으로 안정성만을 추구하고 있다는 비판이 제기된다. 보다 근본적으로는 일본 인터넷 전문은행 대부분은 현재의 고객 수가 한계라고 판단해 고객층을 더 늘릴 방법에 대해 머리를 싸매고 고민하고 있다. 앞으로 어떻게 살아남을 것인지 걱정이 이만저만이 아니라는 것이다.

실제 일본에서는 인터넷 전문은행 고객의 주요 채널이 될 모바일 뱅킹 이용률이 극히 낮다. 컨설팅회사 샐런트가 2015년 5월 10~70대 일본 금융 소비자 1,000명을 대상으로 '소비자의 디지털행동'에 관해 설문조사를 진행한 결과, 정기적으로 이용하는 서비스 가운데 모바일뱅킹이 차지하는 비중은 18퍼센트에 불과했다. 어느 것도 이용하지 않는다는 응답이 가장 많았고(37%), 온라인 쇼핑몰에서 의류 구매(33%), GPS를 이용해 목적지 찾기(22%), 소셜미디어를 통해 개인 페이지 갱신(22%) 등이 뒤를 이었다. 현재까지 글로벌 인터넷 전문은행의 성공 모델로 자리매김한 일본의 금융계가 앞으로의 성장 동력 발굴을 두고 심각한 고민에 빠져 있는 기색이 역력하다.

증권사와의 시너지가 강한 일본의 경우

일본 인터넷 전문은행의 두드러진 특징은 비은행 금융회사 가운데 증권 계열 인터넷 전문은행이 유독 발달했다는 점이다. 일본에서는 금산분리와 관련한 법을 명시적으로 두고 있지는 않다. 다만 자동차, 철강 등 비금융회사가 은행 지분을 5퍼센트 이상 소유하려면 우리나라의 금융위원회나 금융감독원에 해당하는 금융청에 신고해야 할 의무를 진다. 20퍼센트 이상을 소유하고자 하면 사전 인가가 필수적이다. 또 독점금지법에 따라 공정거래위원회의 인가도 반드시 받아야 한다.

하지만 증권사와 같은 금융상품 거래업자는 내각총리대신에 신고만 하면 은행, 기타 금융회사 의결권의 과반수 이상을 취득한 뒤 은행을 소유할 수 있다. 증권사가 인터넷 전문은행을 설립하는 데 규제 환경이 상대적으로 유리하게 조성되어 있는 셈이다. 증권사를 주주로 둔 인터넷 전문은행은 SBI스미신넷뱅크, 라쿠텐뱅크, 다이와넥스트뱅크 등이다.

SBI스미신넷뱅크는 2007년 9월 개업 이래 400만 개 이상의 계좌와 5조 5,000억 엔의 예치금, 그리고 6조 엔 이상의 주택담보대출 누적액 등의 실적을 거두는 등 일본 굴지의 인터넷 전문은행으로 사업을 확대해왔다. 이 은행의 저력은 증권사와의 연계에 있다. SBI증권의 계좌 개설 신청 접수를 받으며 금융상품 안내 역할도 한다. 펀드, 소액투자비과세제도(NISA) 등을 포함해 직접적인 상품 거래는 SBI증권이 담당한다. SBI증권은 은행대리업자로, 소속 은행인 SBI스미신넷뱅크의 엔화 예금계좌의 계약 모집 및 외화예금계좌, 대출상품 등을 권유하는 업무를 수행한다. 은행·증권 연계 서비스로는 하이브리드예금이 있다. 이 상품은 예금액을 SBI증권의 현물 거래 매수대금과 신용거래 보증금으로 즉시 이용 가능하다. 증권사에 투자 대기 중인 예탁금을 우대금리로 운용할 수도 있다. 엔보통예금 금리는 0.02퍼센트인데 반해 하이브리드예금 금리는 0.08퍼센트로 높다. 다만 ATM, 송금 등을 통한 직접 입출금은 불가능하며, 입출금을 위해서는 다른 보통예금으로 이체해야 한다.

라쿠텐뱅크는 2009년 라쿠텐그룹으로 편입된 이후 계열 증권사와의 불필요한 경쟁을 최소화하기 위해 업무 범위를 조정하고 연계 서비스를 개발했다. 라쿠텐뱅크는 금융상품 중개업자로서 고객에게 라쿠텐증권의 취급상품을 안내하며 실질 계약체결은 라쿠텐증권에서 이루어진다. 은행·증권 연계 서비스로는 '머니브리지'가 있다. 두 계열사의 계좌연계 서비스로 양사 계좌를 보유한 고객에게 우대금리, 간편 입금, 당일 출금, 원스톱 로그인, 잔액조회 서비스, 투자안심 서비스, 해피프로그램 등의 혜택을 준다. 해피프로그램은 이 은행의 고객 우대 프로그램으로, 증권거래에 대해 은행 송금 수수료, 그룹 내 서비스 등에 활용할 수 있는 슈퍼포인트를 제공한다. 연계영업 실적을 보면 출시 3년여 만에 머니브리지 이용자 수가 27만 7,000명(2014년 9월 말 기준)으로 급성장했다. 라쿠텐증권의 머니브리지 이용 잔고도 1,380억 엔을 기록하면서, 서비스 이용자 수와 증권사의 서비스 이용 잔고가 전년 동기대비 각각 31.6퍼센트, 24.5퍼센트 증가하면서 연계영업에 효과를 냈다.

마지막으로 다이와넥스트뱅크다. 설립 목적 자체가 독자적 은행업 영위보다는 기존 다이와증권 고객에 대한 서비스 제고 성격이 강한 이 은행을 이용하려면 반드시 다이와증권 계좌를 보유하고 있어야 하며, 신규 고객은 양사 계좌를 동시 개설해야 한다. 다른 인터넷 전문은행의 무점포 전략과 달리 다이와증권은 지점을 통해 은행상품 안내·가입, 현금카드 발급, ATM 사용, 자문 서비스 등을 제공한다. 은행·증권 연계 서비스로는 다이와 트윈계좌가 있다. 이 계좌는 두 금융회사의 거래계좌를 연계해 효율적인 자산관리를 지원하는 서비스로 별도 계좌유지 수수료는 없다. 은행 보통예금계좌와 증권거래계좌 간 자금이체 서비스인 '스윕' 서비스를 주요 서비스로 제공한다. 또 증권사의 투자대기자금(예탁금)을 다음 날 자동이체해 우대금리의 엔화 또는 외화예금으로 운영하도록 지원한다. 계좌 잔액이 일정 수준을 넘어서면 초과분을 자동이체해주기도 한다. 이같은 금융서비스 제공으로 인터넷 전문은행 설립 3년 만에 업계에서 두 번째로 많은 예금 잔고를 확보한 은행이 됐다.

이 밖에 외화예금 전용상품, 우대금리, 통합 계좌관리, 자산운용 상담 등 특화 서비스를 제공한다. 특히 프리미엄 서비스로 예치자산 1,000만 엔 이상의 고객에게 1.2퍼센트 우대금리 적용, 상속 종합 서비스 등의 혜택도 제공한다. 그 결과 은행·증권 교차판매비율은 2014년 9월 말 43.6퍼센트를 나타냈다. 교차판매 상품 내역을 보면 국내 채권 50퍼센트, 주식 20퍼센트, 펀드 13퍼센트, 펀드랩 11퍼센트, 외국채권 4퍼센트, 기타 2퍼센트 순이다. 트윈계좌 전용 상품인 외화예금 잔고도 2014년 11월 말 2,200억 엔을 기록하는 등 성장세를 기록했다.

유럽의 성공 사례, 헬로뱅크

유럽의 대표 인터넷 전문은행은 헬로뱅크(Hello Bank)다. 2013년 5월 BNP파리바가 8,000만 유로를 투자해 설립했다. 4년 내 손익 분기점에 도달하고, 5년 내 140만 명 고객을 확보하는 것을 목표로 출범했다. 회사의 모토는 'Y세대를 위한 은행'이자 '항상 모바일뱅크를(Always on Mobile Bank)'이다. 모토에서 읽히듯 이 은행의 주요 타깃층은 모바일 경험이 많은 젊은 고객이다.

헬로뱅크는 스마트폰, 태블릿PC 등을 통해 신상품, 계좌 가입 등을 고객 스스로 할 수 있도록 초기 인터페이스를 구축했다. 또 소매 고객을 대상으로 하는 입출금식 예금, 저축예금, 카드, 모기지 등 거의 모든 상품을 취급해 금융서비스를 이용하는 데 불편함이 없도록 했다. 헬로뱅크는 유럽 여느 은행과 달리 당좌계좌, 직불카드, 전자거래 등에서 수수료를 면제했다. 또 휴대전화번호, QR코드 등을 통해 P2P 자금이체로 송금을 쉽게 했다. 실물 통장 없는 계좌 개설이 가능한 '헬로 퍼스널'이라는 앱은 가계부 서비스를 제공하는데, 고객의 수입, 지출 패턴을 그래픽으로 보기 좋게 제공했다는 점이 인상적이다.

인터넷 전문은행 '헬로뱅크' 출범 배경

Branches+Web	Internet	Mobile
멀티채널	인터넷 환경조성	인터넷(모바일)뱅크
고객: 영업점뿐 아니라 인터넷뱅킹을 함께 사용하는 경험 증가 은행: 비대면 채널 가입 유도해 수익 창출 기회 모색	고객의 은행 이용 패턴 다변화 비대면 채널 상품 가입 및 수익 발생	스마트폰 보급 확산 고객의 스마트 디바이스 이용 경험 축적

본인 확인에는 전자서명(6자리 핀번호, OTP)과 화상채팅 인증을 이용하는데, 한국 금융당국이 금융실명확인 절차를 간소화한 부분도 이를 벤치마킹한 것이다. 또 계좌번호를 휴대전화번호, QR코드 등으로 대체하는 등 기존 은행과는 차별화된 전략을 추구해왔다. 스마트폰 분실보험도 제공한다. 매월 약 10유로만 내면 가입이 가능하다.

사후 관리도 눈에 띈다. 금융 소비자가 계좌 개설, 잔액 확인, 불편사항 등을 지속적으로 상담받을 수 있도록 채팅, 이메일, 트위터, 음성통화 등을 수행하는 고객 민원 담당팀을 주 6일간 운영해 사용자 편의성을 높였다. 무엇보다 BNP파리바 그룹의 글로벌 네트워크를 활용한 연계 서비스와 혜택을 지속적으로 개발하고 있다. 비대면 계좌 개설뿐만 아니라 BNP파리바 지점을 통해서도 계좌 개설이 가능해 편리하다.

헬로뱅크는 2013년 5월 벨기에, 독일에 둥지를 튼 것을 기점으로 6월 프랑스, 10월 이탈리아 등 4개국에서 잇따라 선보였다. 출범 첫해에 17만 7,000명의 고객 확보에 성공한 뒤 5년 차인 2018년에는 200만 명을 넘어서며 초기에 목표했던 140만 명을 크게 웃도는 실적을 달성했다. 오스트리아(2015년), 체코(2018년)에도 진출해 모두 6개국에서 운영 중이다. 범(汎)유럽 소매은행으로의 성장을 꾀하고 있는 셈이다. 고객 수는 300만 명 이상일 것으로 추산된다.

헬로뱅크는 국가별 금융 환경에 따른 유연한 전략을 적용하고 있다. 프랑스에서는 학생과 같은 젊은 층을 타깃으로 삼아 광범위한 상품을 제공해 2017년 기준 35만 명의 고객을 보유한 것으로 알려졌다.

헬로 뱅크의 주요 서비스

모바일 계좌개설		금리/수수료 차별화		헬로 팀 (고객지원)		헬로 퍼스널 (부가서비스)	
개인예금 수신(○)	법인예금 수신(×)	개인 대출(○)	법인 대출(×)	모기지상품 취급(○)	투자상품 취급(×)	신용카드 발급(○)	보험상품 취급(○)

이탈리아에서는 프랑스와 다르게 젊은 고객뿐 아니라 부유층, 얼리어답터까지 타깃 고객을 확대했다. 벨기에에서는 젊은 고객과 중산층 고객이 타깃층이다. 이탈리아처럼 필수 상품을 우선 제공하고 영업점 대비 경쟁력 있는 복합 상품을 선보인다. 벨기에에서 2016년 기준 48만 명 이상 고객을 보유했다. 다른 국가에 비해 상대적으로 벨기에 고객 수가 많은 것은 경쟁기업 진출이 활발하지 않기 때문인 것으로 분석된다. 독일에서는 이탈리아와 비슷하게 부유층, 얼리어답터를 공략해 고객군별 맞춤 상품을 제공하고 있다. 독일의 경우 경쟁기업 수는 적지만 이 나라에서 경쟁 인터넷 전문은행들이 확보하고 있는 고객 수가 많아 타행 고객을 빼앗아와야 하는 실정이다.

독일의 성공 사례, 피도르뱅크

피도르뱅크는 2003년 온라인 금융서비스, 전자상거래 솔루션을 제공하는 회사에서 출발했다. 2007년 독일 시중은행 면허를 신청해 18개월 후인 2009년 최종 취득했다. 디지털 채널을 활용해 금융상품을 마케팅하고 판매한다. 또한 빅데이터를 이용해 고객 맞춤형 서비스를 제공하는 방식을 깊이 고민했고, 이에 기반해 조직 구조를 설계하는 등 전통적인 은행과 차별화를 꾀했다.

소비자와의 접점을 늘려 인지도를 높이기 위해 피도르뱅크가 선택한 툴은 SNS였다. 2010년 1월 트위터, 페이스북, 유튜브 등 소셜미디어 플랫폼에 '온라인 포럼'이라는 채팅 공간을 만들었다. 이 공간에서 금융 소비자들은 은행 경영진과 금융서비스 품질에 대해 의견을 주고받았다. 은행은 소비자의 의견을 반영해 개선해나감과 동시에 관계를 이어나가고 신뢰를 축적하기 시작했다. 특히 피도르뱅크는 다른 사용자에게 도움이 되는 영상을 올리면 보상하는 체계를 만들었다. 채택된 영상을 올린 사용자는 50유로를 받는다. 페이스북에서 2,000명이 '좋아요'를 누르면 0.1퍼센트포인트의 금리를 우대하기도 했다. 이른바 '좋아요 금리' 서비스로, 예금계좌의 경우 0.5퍼센트에서 시작해 최대 1.5퍼센트까지 이자율이 올라간다.

피도르뱅크는 누구나 은행이 정한 정보를 활용해 핀테크 서비스를 개발할 수 있도록 오픈 API를 추구한다. 오픈 API를 기반으로 20 여 개 회사와 파트너십을 맺어 회사에 필요한 서비스를 아웃소싱하고 있다. 2017년 기준 은행 직원 수가 40명에 불과한 것도 이 때문이다. 가상화폐 연계 서비스 제공을 위해 비트코인 거래소와 제휴를 맺었고, P2P 대출업을 위해 독일의 온라인 금융서비스 회사 스마바(Smava)와 손잡기도 했다.

피도르뱅크는 금융회사임에도 불구하고 스스로 IT 기업이라 자부한다. 인터넷 전문은행이라는 솔루션을 판매하고 있기 때문이다. 인터넷 전문은행 운영체제 개발 및 보수, 빅데이터 분석, 오픈 API 와 같은 피도르뱅크의 솔루션과 금융서비스 판매 비중은 전체 수익의 30퍼센트가 넘는다고 한다. 한국의 인터넷 전문은행도 향후 글로벌 시장에 진출할 것을 염두에 둔다면 설립 초기부터 고민해볼 만한 사안이다.

한국보다 앞서는 중국의 인터넷 전문은행

중국에서는 간편결제, 송금과 같은 금융서비스뿐만 아니라 인터넷 전문은행 등 핀테크 산업 발전이 한국보다 빠르게 전개되어 왔다. 국내에서는 2017년 들어 인터넷 전문은행이 출범했지만 중국에서는 그 이전부터 무점포 기반 디지털은행이 등장했던 것이다. 이유는 분명했다. 애초부터 제도권 금융서비스를 이용하는 고객이 전체 인구에서 차지하는 비중이 낮다. 중국의 땅덩어리가 광대해 금융 소비자들이 오프라인 점포를 이용하기가 번거로운 점도 한몫했다. 그렇다고 2000년대 초중반, 중국 서민들이 집에 컴퓨터를 한 대씩 둘 만한 경제적 여력이 있지도 않았다.

그런 와중에 스마트폰이 보급되기 시작했다. 뒤늦게서야 온라인 금융서비스를 이용할 수 있는 유인이 생긴 것이다. 이 틈새를 텐센트, 알리바바와 같은 IT 회사가 치고 들어왔다. 게임, 전자상거래 시장에서의 경험은 모바일에서 간편한 금융서비스를 출시하는 일을 대수롭지 않게끔 했다. 두 회사는 2014년 중국 당국으로부터 민영은행 설립 허가를 받았다(텐센트의 위뱅크는 2014년 7월, 알리바바의 마이뱅크는 2014년 9월이다. 우리나라와 여러모로 비슷하다).

이런 상황에서 IT기업 텐센트는 2014년 12월 대륙 최초로 인터넷 전문은행 위뱅크의 문을 연다. 이 회사의 비전은 '핀테크로 연결하고, 힘을 부여하라'다. 주주로 참여한 기업은 텐센트 외에 바이위엔(건강의약품 회사), 리예(부동산 회사) 등도 있었다.

위뱅크는 출범하자마자 서민 금융서비스를 곧장 내놨다. 빅데이터 기반의 신용평가를 기초로 한 신용대출에 자신이 있었다는 것이다. 한국의 인터넷 전문은행들과는 다른 관전 포인트다. 위뱅크는 2015년 5월 무담보 소액대출 '웨이리따이(微粒贷)' 서비스를 내놓고, 9월부터 정식 서비스를 시작했다. 특히 상위 20퍼센트가 아닌 하위 80퍼센트의 금융 수요를 충족시키는 롱테일 전략을 추진 중으로 금융 소외계층을 고객군으로 설정하고 소액대출 서비스 등을 제공한다. 채팅 앱 QQ의 QQ지갑에서 개시한 서비스를 통해 대출을 받을 수 있는데, 개인 대출 가능 규모는 500위안에서 20만 위안이고 한 번에 최대 4만 위안까지 대출이 가능하다. 대출 신청 뒤 신분증을 등록하고 휴대전화번호를 통한 인증 절차를 거친다. 상환 일자를 넘기면 기존 금리의 50퍼센트 고금리를 적용한다. 신용은 개인이 등록하는 은행계좌와 신분증을 기반으로 평가한다.

위뱅크는 현재 개인 2억 7,000만 명과 중소기업 188만 명의 고객에게 금융서비스를 제공해왔다. 2019년 회계연도에 매출 148억 7,000만 위안(약 2조 6,800억 원), 영업이익 39억 5,000만 위안(약 7,100억 원)을 기록했다. 대출 규모는 1,629억 7,000만 위안(29조 3,600억 원), 예금액은 2,363억 위안(42조 5,700억 원)이다. 놀라운 점은 자기자본이익률이 2016년 9퍼센트에서 현재 28퍼센트로 급증했다는 점이다. 2019년 무디스와 스탠더드앤드푸어스(S&P)는 각각 A3, BBB+ 등급의 신용을 부여했다. 위뱅크는 2018년 11월 최종 펀드레이징 시점에 기업가치를 1,470억 위안(약 26조 4,800억 원)으로 평가받았다. 카카오뱅크보다 3년 전에 비슷한 기업가치를 평가받은 셈이다.

알리바바는 2015년 6월 인터넷 전문은행 마이뱅크(Mybank)를 설립했다. 자본금 40억 위안으로 시작한 이 회사는 알리바바 자회사인 앤트파이낸셜서비스그룹(Ant Financial Service Group)이 대주주로 30퍼센트의 지분을 소유하고 있다. 부동산 재벌 기업 푸싱공업기술(25%), 자동차 부품 기업 완샹농업그룹(18%), 자산운용사 닝보시진룬자산경영(16%) 등도 주주다.

알리바바가 인터넷 전문은행을 누구보다 빨리 설립한 이유는 또있다. 알리바바 창업자 마윈이 1992년 하이보번역사에서 근무할 당시 3만 위안을 빌리기 위해 3개월의 시간을 허비했던 경험이 있었다. 집에 있던 모든 세금계산서를 제출하고, 저당을 잡혔음에도 은행에 돈을 빌리지 못했다. 당시 마윈은 "자금 여력이 부족한 기업들에 도움을 줄 수 있는 은행은 없을까" 하며 고민을 했다고 한다.

마이뱅크의 주주 구성에서 살펴볼 수 있듯 주 고객은 농민, 중소상공인, 중소기업 등 SME다. 이들에게 모바일로 3분 안에, 1초 미만으로 승인을 내주고, 사람의 개입이 제로(0)라는 의미에서 SME를 대상으로 한 '310 모델'을 표방하고 있다. 앤트파이낸셜은 앞서온라인 쇼핑몰 알리바바, 타오바오 등의 판매자를 대상으로 소액대출을 진행해왔다. 알리바바는 2010년 이래 160만 중소사업자를 대상으로 4,000억 위안 대출을 내준 것. 이 같은 경험을 토대로 '마이뱅크'를 시작한 셈이다.

그중에서도 은행대출이 어려운 소상공인과 영세 자영업자 대상의 무담보 소액대출 서비스에 집중했다. 대표적인 무담보 대출 상품인 왕샹따이(금리 5.8%~17.2%), 알리바바의 전자상거래 내에서 영업하는 상인을 비롯해 소기업 창업자에게 제공하는 서비스다. 이처럼 마이뱅크 대출 고객 중 50퍼센트 이상이 5명 이하의 직원을 보유하고 있는 소상공인이며, 대출 중 45퍼센트가 5만 위안(한화 약 860만 원) 이하 소액대출인 것으로 집계됐다.

티몰(T-mall)과 타오바오(Taobao) 등 알리바바의 전자상거래 플랫폼뿐만 아니라 알리페이(Alipay) 지급결제 플랫폼에서 누적된 빅데이터를 활용해 고객 맞춤 서비스를 제공하고 있기도 하다. 대출 신청을 위해서는 알리페이나 알리바바에서의 고객의 활동 기록, 신용등급 조건 등이 필요하다. 마이뱅크는 무담보 신용대출에도 불구하고 자체 신용평가 플랫폼 '즈마신용(芝麻信用)'을 활용해 양호한 건전성을 유지하고 있다고 한다. 즈마신용 점수는 최저 350에서 최대 950까지 산출되고, 각 점수 구간별로 리워드를 제공하거나 특정 점수대 사용자에게는 대출 시 우대금리도 적용한다. 신용등급은 전자상거래 결제 및 금융거래 등 고객의 일반적인 신용거래 이력 및 재정 상태, 온라인에서의 행동과 선호도, 대인 관계 등을 기반으로 결정한다. 알리바바 전자상거래 입점 기업들의 경우 판매자의 매출 및 납부 데이터 등을 기반으로 신용평가가 결정되고, 대출 연체 시

입점을 제한하는 시스템을 구축했다.

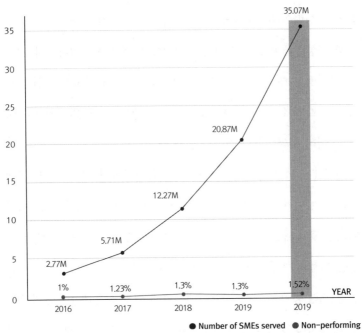

출처: 앤트파이낸셜그룹

덕분에 출범 6년여 만인 2020년 말 현재 2,087만 명의 SME 고객에게 대출을 진행했다. 전년 동기 대비 70퍼센트나 성장한 숫자다. 현재 750개 정도의 지방 도시에서 사업을 영위하고 있는데 이 숫자를 설립 10주년이 되는 2025년까지 2,000여 개로 늘린다는 계획이다. 이 회사는 2019년 7월 최종 펀드레이징을 할 당시 240억 위안의 기업가치를 인정받았다.

유럽은 지금 현금 없는 사회로 이동 중

'현금 없는 은행'

돈을 안 갖고 있는 은행이라니. 이상한 캐치프라이즈를 내걸고 있는 이곳은 앞서 살펴봤던 헬로뱅크다. 모바일, 태블릿PC, 데스크탑, 노트북을 통해 고객 수용성을 높여 실제 화폐가 없어도 디지털 머니로 실생활 거래가 가능하도록 하겠다는 포부를 내비친 것이다. 이 같은 분위기를 반영하듯 유럽은 '현금 없는 사회'로 빠르게 옮겨가고 있는 분위기다.

스웨덴은 2023년 3월까지 세계 최초의 현금 없는 사회가 되기 위한 길을 개척하고 나섰다. 스웨덴에는 상인들이 고객들로 하여금 전자적으로 돈을 지급하게끔 할 수 있는 법이 있다. 법적 통화로서의 현금이 있음에도 불구하고 말이다. 식당과 상점에서는 현금을 전혀 받고 있지 않다. 버스 요금도 현금으로 낼 수 없어 선불카드나 휴대전화로 결제해야 한다. (한국도 드디어 버스에 비치된 현금통을 서서히 치우는 논의가 시작되고 있다.) 교회, 성당에서도 카드기를 설치해 헌금함을 대신하고 있다. 이와 더불어 자연스럽게 모바일 금융서비스와 비접촉 서비스들이 발달해왔다. iZettle과 같은 모바일 카드 결제 서비스, Swish 같은 앱들은 스웨덴을 현금 없는 삶을 영위할 수 있도록 돕고 있다. 스웨덴 중앙은행에 따르면 스웨덴인의 80퍼센트가 카드를 사용하고, 단 6퍼센트만이 현금으로 결제한다. 2016년 기준으로 전체 1600개 은행 지점 가운데 900곳은 현금을 아예 취급하지 않고 있다. 접촉을 꺼려하는 코로나19 상황에서 이 같은 비현금 결제의 선호는 더 커질 것으로 전망된다.

또 다른 모범 사례는 덴마크가 있다. 덴마크 정부는 의류 판매점, 음식점, 주유소 등 소매점이 현금을 거부할 수 있도록 하고 있다. 소매점이 현금 거래를 함으로써 경비, 감시 시스템에 상당한 비용을 지출하고 있다고 보기 때문이다. 이에 더해 거스름돈을 주는 시간이 줄어들어 비즈니스가 활성화될 것으로 보고 있다. 이 나라 국민 560만 명 중 180만 명이 모바일 페이(덴마크 단 스케방크Danske Bank의 앱)를 이용한다는 점 등을 감안해 이 법안은 큰 이견 없이 통과됐다. 2018년 1월부터 덴마크 상점은 심야에 고객의 현금 결제를 거부할 수 있다. 덴마크 중앙은행은 2014년에 이미 지폐와 동전을 발행하지 않기로 결정했다. 이에 현금 없는 은행 점포도 생겨나고 있는 추세라고 한다. 스웨덴, 덴마크 외에도 노르웨이, 핀란드, 아이슬란드 등 북유럽 국가들도 비현금 결제를 선도하고 있다.

현금 없는 사회로 가면 세금 탈세를 막을 수 있다. 동시에 지하경제를 예방할 수 있어 금융 생산성이 상승한다. 보관, 운영, 운송에 들어가는 비용도 획기적으로 줄일 수 있다. 심지어 물리적 범죄까지도. 스웨덴은행 협회에 따르면 은행 강도 수는 2008년 110명에서 2011년 16명으로 30년 만에 최저치를 기록하고 있다. 덩달아 마약, 위조, 무기 시장까지도 줄어들었다고 한다. 놀라운 사회적 효과다.

한국의 사정은 어떨까? 한국은행에 따르면, 2018년 가계지출 중에서 상품·서비스를 구입할 때 현금 결제 비중은 19.8퍼센트다. 현금을 사용하는 이가 5명 중 1명에 불과하다는 뜻이다. 한국은행 통계도 이 같은 흐름을 보여준다. 국내 총 화폐 발행량은 2017년 38조 6,455억 원에서 2020년 36조 4,725억 원으로 감소했다. 한국은 현금 없는 사회에 대한 대비책으로 중앙은행 디지털화폐(CBDC) 연구를 시작했다. 한국은행은 미래 지급결제 환경 변화에 대응해 현금 이용 비중이 줄어들 때 안전한 자산과 지급수단으로서 CBDC에 주목하고 있다. CBDC는 한국은행이 전자적 형태로 발행하는 화폐다. 기존 법정화폐와 1 대 1로 교환할 수 있다. 은행 간 청산·청산 결제 과정에서 발생하는 신용 리스크를 줄이고 위조를 예방할 수 있는 것이 장점이다.

INTERNET
ONLY
BANK

6장

인터넷 전문은행의 선결과제, 규제 완화

규제 완화 I - 금산분리

카카오 대표의 울분

2015년 5월 서울 여의도 한국거래소에서 서강대 금융법센터 주최로 열린 핀테크 학술대회에 패널로 참석한 이석우 전 다음카카오(현 카카오) 대표는 긴 한숨을 쉬었다. 그는 "오늘 막말 좀 하겠다. 정말 울고 싶다. 핀테크 기업을 대표해 이 자리에 앉았는데 내가 자격이 있는지 의문스럽다"면서 "규제 때문에 스마트폰으로 소액의 돈을 보내는 뱅크월렛카카오 서비스 출시에만 무려 2년 반이 걸렸다. 한국에 만연한 규제 문화를 바꾸지 않으면 한국에서 핀테크는 힘들다"고 말했다.

이 전 대표는 "중국은 머니마켓펀드MMF 위어바오 잔액이 100

조 원이라는데, 고작 10만 원을 송금하는 뱅크월렛카카오가 무슨 핀테크냐. 다음카카오를 핀테크 기업이라고 부르는 것 자체가 부끄럽다"고 덧붙였다.

카카오톡으로 메시지 보내듯 하루 최대 10만 원까지 송금 가능해진다는 얘기가 나왔을 때만 하더라도 금융업권의 송금 서비스 업무가 뱅크월렛카카오(뱅카)에 종속될 것처럼 느껴졌다. 하지만 금융당국의 규제로 서비스 출시는 지연되고 또 지연됐다. 우여곡절 끝에 나온 서비스에는 족쇄가 달려있었다. 송금액에 상한선(30만 원)을 둔 것이다. 흥미를 잃은 고객들은 카카오의 금융서비스를 사실상 외면했다. 우여곡절 끝에 카카오페이, 카카오뱅크와 같은 혁신 서비스가 나오기는 했으나 탁 막힌 규제가 없었다면 그 시점도 더 빨랐을 것이다. 혁신도 정부의 든든한 후원이 뒷받침해야 가능함을 보여준다.

새로운 금융서비스에 대한 금융당국의 이 같은 홀대는 타 국가들과 선명하게 대조됐다. 카카오 대표가 울분을 토하던 시점에 룩셈부르크 정부는 페이게이트, 한국NFC 등 5개 한국 핀테크 업체에게 레터 한 장을 보냈다. 룩셈부르크에 체류하는 3일 동안 식사나 이동수단을 직접 조달해 현지 스타트업과 벤처캐피털 미팅 약속, 정부 관계자 면담을 주선하겠다는 초청장이었다. 룩셈부르크에는 저작권이나 특허, 상표 등 지식재산을 이용해 수익을 창출하면 세금의

80퍼센트를 환급해주는 규정이 있다. 룩셈부르크로 떠난 핀테크 기업이 창의적인 수익 모델을 만들어 성공하면 대대적으로 세금을 감면받을 수 있는 길이 열려 있다는 뜻이다.

영국의 세계적 핀테크 스타트업 육성기관 '레벨39'를 비롯한 인포콤인베스트먼트, 바클레이스 등 벤처캐피털, 엔젤투자자인 엔젤리스트 등 투자자, 핀테크 스타트업 최고경영자들도 때마침 한국을 방문했다. 규제의 나라를 벗어나 자유의 나라로 오라는 러브콜과 함께. 사정이 이렇자 규제 때문에 핀테크 기업들의 한국 엑소더스 현상이 나타나는 것 아니냐는 우려도 나왔다.

규제는 금융산업의 발전의 큰 장애물이 되어왔다. 2000년 초반에 논의되던 인터넷 전문은행이 20여 년이 다 되어서야 허가해준 경험을 우리는 몸소 겪었다. 간편결제와 송금 같은 핀테크 서비스가 나타나자 30만 원이라는 명문에도 없는 태클을 거는 경험도 있었다. 이런 토양에서 제3의, 제4의 인터넷 전문은행이 등장한다 한들 혁신적인 서비스를 만들어나가는 것은 요원한 일이다. 더이상 IT회사 수장이 울분을 토하는 환경도, 한국 스타트업 기업들의 엑소더스가 일어나게끔 해서도 안 된다.

인터넷 전문은행의 적, 금산분리

바야흐로 인터넷 전문은행에게는 3적(敵)이 있었다. 금산분리, 금융실명확인, 최소자본금. '조선 핀테크 반도'를 둘러싸고 있던 외세들은 물리치기 어려운 존재들이었다. 그러던 어느 날, 조선 반도에 점포 없는 은행을 만든다는 방이 붙었으나 사농공상 모두가 회의적이었다. 3적을 멸하기 전까지는 인터넷 전문은행을 조선 반도에 정착시키기란 어려웠기 때문이다.

서두를 장난스럽게 적었지만 우리 핀테크 토양이 실상 그러했다. 2014년 하반기까지만 해도 금산분리, 금융실명확인, 최소자본금은 높디 높은 산이어서 인터넷 전문은행 설립을 감히 상상하기 힘들었다. 하지만 정치권, 시민 사회, 언론계 너나 할 것 없이 여론의 공세가 거세지자 3적 중 금융실명확인 문제, 최소자본금 규제는 너무나도 손쉽게 무너지고 말았다. 허무할 정도로 말이다.

인터넷 전문은행 인가의 키를 쥐고 있던 금융위원회는 2015년 6월 유례없는 금융규제 완화책을 내놨다. 기존에는 인터넷 전문은행의 기준이 되는 최소자본금 규모가 책정돼 있지 않았다. 다만 은행법상 은행 설립 최소자본금 규모 1,000억 원 등만 명시돼 있을 뿐이었다. 이 같은 근거 아래 금융위는 인터넷 전문은행 최소자본금을 500억 원으로 책정했다. 스타트업, 이종사업자의 진입을 어렵게 만

든다는 비판도 있었으나 카카오, KT 등과 같은 대기업들에게는 큰 돈은 아니었다. 인터넷 전문은행 설립 주체들은 예비인가를 받기 위해 최소자본금을 카카오는 3,000억 원, KT는 2,500억 원을 준비해왔다.

금융실명확인도 대안을 찾았다. 금융위원회는 '금융실명거래 및 비밀보장에 관한 법률'과 시행령에 명시된 본인 확인 의무에 대한 유권해석을 변경하기로 했다. 계좌 개설은 반드시 대면 확인을 거쳐야 한다는 그간의 유권해석이 인터넷 전문은행 도입 시점에 맞춰 비대면 방식도 허용하도록 바뀐 것이다. (반대로 해석하면 당국의 힘이 이렇게나 세다는 것을 새삼 확인해볼 수 있다.)

마지막 걸림돌은 있었다. 뿌리 깊은 역사를 지닌 '금산분리'였다. 금산분리는 흔히 은산분리(은행자본과 산업자본의 분리)라고 불리기도 한다. 금산분리를 건드리는 일은 정치 공학의 문제였기 때문에 당국 혼자서 할 수 있는 일은 아니었다.

금산분리법은 1960년대 은행 주식이 정부에 귀속돼 있던 시절, 은행 대주주의 의결권 행사 범위를 10퍼센트로 제한해왔다. 그러다 1982년 12월 은행법 개정으로 시중은행에 대한 동일인 보유 한도가 8퍼센트로 정해졌고, 지방은행에 대해서는 지역경제 개발자금의 원활한 지원을 위해 보유 한도 적용을 배제했다고 한다. 이후 2000년대 들어서는 산업자본의 은행 지배를 방지하기 위해 비(非)

금융주력자(산업자본)는 4퍼센트를 초과해 은행 주식을 보유할 수 없도록 했다. 다만 의결권을 행사하지 않는 조건으로 10퍼센트까지 보유할 수 있도록 했다.

금산분리 완화 논의는 꽤 오래전부터 시작됐다. 2008년 이명박 정부에서 은행법 개정을 통한 인터넷은행이 추진됐지만, 국회 벽에 가로막혔다. 명분은 그럴듯했다. "은행이 재벌의 사금고가 될 것"이란 주장 때문이었다. 대기업들이 순대, 떡볶이를 팔겠다고 나서는 시대였으니 이 같은 주장은 터무니없지는 않았다.

그러다 박근혜 정부 들어 금융개혁의 일환으로 핀테크 육성에 나서면서 논의가 다시 물꼬를 텄다. 2015년 금융위원회가 인터넷 전문은행 설립과 산업자본 참여를 허용키로 한 것이다. 그러나 당시 야당인 민주당의 반대로 인터넷 전문은행은 은행법 개정 없이 추진되고 말았다. 어정쩡한 상황 속에서 2017년 K뱅크와 카카오뱅크가 탄생했다. 결국 가장 큰 적을 남겨둔 채 인터넷 전문은행 시대가 막을 연 것이다.

그러다 보니 애로사항들이 하나둘 생겨나기 시작했다. 카카오라 이름 붙였으나 카카오뱅크의 실 소유자는 카카오가 아니게 된, 아버지를 아버지라 부를 수 없는 희한한 일이 발생한 것이다. 2017년 출범 당시 주주 구성은 한국투자증권 58퍼센트, 카카오 10퍼센트, 국민은행 10퍼센트 등이었다.

수십 년 논란을 거듭하며 유지되던 금산분리 빗장은 문재인 정부에서 조금 더 열렸다. 2018년 9월 ICT 기업에 한해 인터넷은행 지분을 34퍼센트까지 보유할 수 있도록 하는 '인터넷 전문은행 특례법'이 국회를 통과, 2019년 1월 시행됐다. 시행령에는 대기업(상호출자제한기업집단)은 대주주에서 제외하고, ICT 또는 전자상거래업 비중이 50퍼센트 이상인 경우에만 자격을 허용한다는 내용을 추가했다. 금산분리 규제가 완화되면서 카카오는 한국투자증권 지분 일부를 되사오면서 출범 2년 7개월 만에 최대주주가 됐다.

케이뱅크의 진짜 주인인 KT의 마음 고생은 더 심했다. 금융회사의 대주주 자격을 엄격히 규정하고 있는 '적격성 규제' 때문이었다. 관련법에 따르면 IT 기업이 인터넷은행 최대 주주가 되려면 금융관련법, 공정거래법 등의 위반으로 벌금형 이상 형사 처벌을 받은 사실이 없어야 한다.

하지만 KT에게는 공정거래법 위반 혐의가 있었다. 케이뱅크는 2017년 문을 열었지만 설립을 주도한 모회사는 대주주 적격성 심사 문턱을 넘지 못했다. 그러다 보니 오랜 기간 자본 수혈을 못하는 상황에 처했다. 자본 부족으로 2019년 4월 신규 신용대출 판매를 순차적으로 중단하면서 사실상 영업을 정지했다. 은행 문을 열었는데 대출 장사는 안 한다? 앙꼬 빠진 찐빵도 이런 찐빵이 없었다.

우여곡절 끝에 2020년 4월 인터넷 전문은행의 대주주 적격성 심사 결격사유를 완화하는 내용의 인터넷 전문은행 특례법 개정안이 국회 문턱을 넘으면서 회생의 길이 열렸다. 개정안의 핵심은 공정거래법을 위반해도 인터넷은행 대주주가 될 수 있도록 허용하는 것이다. 규제가 가까스로 풀렸지만, 2020년 7월 케이뱅크는 KT대신 BC카드를 케이뱅크의 새로운 대주주로 하는 지배구조 개편을 택했다.

돌이켜보면 자본력과 로비력을 갖춘 대기업이니 1적과 이렇게라도 싸웠던 것 같다. 규모가 좀 더 작은 회사였다면 중간에 고꾸라졌을지도 모른다는 생각이 든다. 그럼에도 아직까지 금산분리라는 1적은 남아있다. 참 질긴 녀석이다.

미국의 금산분리 현황

미국은 인터넷 전문은행 지분 취득과 관련해 별도의 법령이나 감독 규정이 있지 않다. 일반 은행과 동일한 기준이 적용된다. 2000년 초반 설립된 인터넷 전문은행은 기존 법률 체계 내에서 주, 연방감독기관의 인가를 받아 자회사, 독립법인 형태로 설립됐다. 지방은행, 저축은행 등이 인가를 획득한 것이다. 상당수는 미국 저축기관

감독청에서 저축은행 인가를 받았다고 한다.*

미국은 1956년 은행지주회사법을 제정했다. ① 직간접적으로 25퍼센트 이상 의결권을 행사하거나 ② 5퍼센트 이상 의결권을 가질 때, ⓐ 은행의 과반수 이상의 이사에 대해 영향력을 보유하거나 ⓑ 경영에 대해 직간접적으로 영향력을 행사하는 것으로 연방준비제도위원회(FRB)가 인정하는 경우 은행 또는 은행을 지배하는 회사를 은행지주회사로 정의한다. 이에 대해서는 감독당국의 사전 승인이 요구되며, 은행지주회사로서 감독규제를 받게 된다. 즉, 은행을 지배하는 회사(은행지주회사)는 직간접적으로 비은행 회사를 지배할 수 없으며, 비(非)은행 업무에 종사할 수 없다고 규정하고 있는 것이다. 은행지주회사법은 은행 주식을 5퍼센트 이상 취득하는 경우 위 영향력 행사 여부를 조사해 은행 지배 여부를 판단한다.

이 법에 따르면 산업자본은 은행지주회사가 될 수 없다. 산업자본이 '은행 주식을 25퍼센트 이상 취득'하거나 '5퍼센트 이상 취득'하면서 은행을 지배해 경영권을 행사할 수 없다는 것이다. 바꿔 말하면 산업자본은 은행을 지배하지 않는 선에서 25퍼센트까지 은행 지분을 취득할 수 있다. 금융자본이 1대 주주면 산업자본은 2대 주

---

* 다만 미국은 2001년 통화감독청에서 인터넷 전문은행의 특수성을 감안해 인가 지침을 마련했다. ① 1개 이상 오프라인 영업점 설치 ② 티어1 캐피털 8퍼센트 이상 ③ 유동성 위험에 대비한 비상자금 조달 계획 마련 ④ 금리, 자산 가격, 성장성 등 외부 환경에 대비한 영업 전략 수립 ⑤ 계좌 개설 시 고객확인 의무 강화 ⑥ 피해 발생에 대비한 피해복구계획 마련 등이다

주로 25퍼센트의 지분을 취하는 것이 가능하다. 미국에서는 산업대부회사 제도 등을 이용해 기업계도 인터넷 전문은행을 설립하고 있다. 산업자본이 대주주가 될 수 있으며 채권을 위주로 자금을 조달(요구불예금 제한)하거나 일정 규모(1억 달러) 이내에서만 자산운용을 가능하게 했다. 은행지주회사, 보험지주회사 등 각 분야별 지주회사에 대한 규제도 차별을 둬 운용하고 있다. 각 금융업별 특성을 인정하고 이에 맞는 규제를 실행하고 있는 것이다. 이 같은 금산분리 원칙에 따라 미국은 주로 비은행 금융기관이 자회사 형태로 인터넷 전문은행을 설립했다. 다만 얼라이뱅크(GM), BMW뱅크(BMW) 같은 산업자본도 산업대부회사 제도상 인가를 받아 제한적 형태의 인터넷 전문은행을 영위하고 있다. 이들은 주로 기업 대출, 자동차 대출에 특화돼 있다.

비대면 실명 인증의 경우, 미국은 한국과 달리 널리 시행되고 있다. 정부기관 데이터베이스 조회, 이체계좌정보 활용, 우편 발송 등의 절차를 거쳐 본인 여부를 확인할 수 있도록 한 것이다. 얼라이뱅크는 스마트폰 이용 고객 편의를 위해 액정에 수표 이미지를 띄워 실명 인증이 가능한 시스템을 구축하기도 했다.

유럽의 금산분리 현황

핀테크의 선두주자 영국을 비롯한 유럽 국가들은 특별히 금산분리 원칙을 두고 있지는 않다. 산업자본의 은행 소유에 제한을 두지 않는다는 말이다. 다만 금융회사의 대주주 자격 요건을 갖춘 주체에 한해 은행을 소유할 수 있게 했다.

유럽공동체(European Community)의 '제2차 은행지침'을 보면 지배주주에 대한 적격성 심사, 은행 대주주 등에 대한 여신 제한, 은행 대주주 및 계열사에 대한 감독 및 심사 등을 통해 대주주를 관리·감독하고 있다. 이처럼 자유로운 금산분리 원칙에도 불구하고 인터넷 전문은행 설립 업체 대부분이 금융기관의 자회사 형태로 설립됐다는 점은 눈여겨볼 만한 사항이다.

【표】 유럽 주요 인터넷 전문은행 현황

은행명	국가	설립연도	설립주체
에그뱅크	영국	1998	보험
Boursorama	프랑스	2001	은행
Foruneo	프랑스	2006	은행
ING 다이렉트	프랑스	2000	보험

모노뱅크	프랑스	2006	은행
BforBank	프랑스	2009	은행
ING 디바	독일	1999	보험
콤디렉트	독일	1994	은행
DKB	독일	1990	은행
넷뱅크	독일	1999	은행

자료: HMC투자증권

제2차 은행지침은 ▲은행 주식의 일정 비율(10%, 25%, 33%) 이상을 직간접적으로 보유하고자 할 경우 감독기관에 보고, ▲동 비율별로 감독당국의 출자자 적격 심사를 받고, ▲감독기관은 은행이 건전하게 경영될 수 있을 경우 이를 승인하는 등의 내용을 담고 있다.

영국의 경우 10퍼센트, 20퍼센트, 33퍼센트, 50퍼센트 지분 초과 시마다 대주주 적격성을 심사하고 있다. 비대면 실명인증 규제와 관련해 유럽은 미국과 마찬가지로 고객에 대한 실명 확인 의무를 금융회사에 직접 부과한다. 신규 계좌 개설 시 개인정보를 입력하면 비대면 금융회사가 정부기관 등 신용인증기관을 통해 개인정보를 확인하는 식이다.

신규 계좌에 최초로 입금하려면 다른 은행에서 사용 중인 본인 명의 계좌를 등록해야 한다. 계좌 개설에 필요한 임시 비밀번호를 체크카드와 함께 등기우편으로 송부하면 되는데, 이 과정에서 은행은 실명과 신용정보까지 확인하기 때문에 생애 최초 예금계좌 개설 희망자나 신용불량자는 비대면 가입에 제약이 있다.

일본의 금산분리 현황

"인터넷 전문은행이 왜 필요하냐고 묻는 것은 학생이 왜 학교를 가야 하느냐고 묻는 것과 같다. 금융산업이 고꾸라지고 있는 가운데 인터넷 전문은행이 일종의 메기 역할을 할 것으로 기대한다."

인터넷 전문은행 설립 논의가 무르익던 시절, 금융위원회의 한 간부는 필자를 만나 이 같은 '인터넷 전문은행 메기론'을 역설했다. 수익성이 갈수록 낮아지고 있는 현재의 한국 금융산업 위기를 극복하기 위해 인터넷 전문은행 도입이 반드시 필요하다는 말이다. 금융위는 인터넷 전문은행 메기론이 설득력을 얻기 위해 ICT, 유통, 제조업 등 다양한 산업군에서 금융서비스를 해야 한다고 생각하고 있다.

가까운 나라 일본은 이 같은 생각을 일찌감치 떠올린 듯하다. 1997년 금융산업 위기를 극복하기 위해 비금융기관을 적극적으로 끌어들인 것이다. 일본은 2000년 은행산업 가이드라인을 통해 비금융기관이 20퍼센트 이상의 은행 지분을 소유할 수 있도록 은행법을 개정하기로 결정했다. 또 산업자본이 20퍼센트 이상 소유할 경우에 한해 금융당국이 모기업에 대한 건전성 심사를 거치도록 해 금산분리 완화가 가져올 부작용을 최소화하는 노력을 기울였다. 과거 일본은 산업자본의 은행 지분 보유를 5퍼센트로 제한했다가 2000년 10월 재팬넷뱅크라는 인터넷 전문은행 도입을 계기로 산업자본의 은행업 진출과 관련해 활발한 논의를 거친 뒤 유럽식의 승인제를 택했다. 다만 비금융회사의 활발한 은행업 진출에 따른 건전성 악화에 대응해 2002년 4월 은행 지분 소유 한도를 제정하기도 했다.

일본의 은행법은 ▲전체 의결권의 5퍼센트 이상을 소유한 자는 5일 이내에 금융청장에게 보고해야 하며 ▲은행 발행 주식의 100분의 20 이상을 소유하려면 금융청 장관의 사전 인가를 받도록 했다.

일본은 차별화된 비대면 실명 인증을 적극적으로 도입해 실시하고 있다. 소니뱅크, 라쿠텐뱅크 등은 '페이퍼리스(Paperless) 계좌 개설' 서비스를 시행하고 있다. 이 서비스의 핵심은 우체국 직원을 통한 본인 인증이다. 웹사이트, 스마트폰 등을 이용해 본인 정보를 입력한 후 계좌 개설을 신청하면 은행에서 본인 한정 수취 우편을 고객에게 발송한다. 이 우편물을 들고 찾아간 우체국 직원에게 고객이 운전면허증 등 본인 확인 서류를 제시하면 이 우편물을 수령할 수 있는데, 동거 가족도 대신 받을 수 없을 만큼 보안이 철저하게 유지된다.

규제 완화 II - 정보 공유

정보 공유, 해결해야 할 필수 과제

2014년 1월 KB국민·롯데·NH농협카드 등 3개 카드사의 고객 개인정보 유출로 나라가 뒤엎어진 사건이 발생했다. 이른바 정보 유출 3사가 박근혜 전 대통령을 포함해 국민 고객정보 1억 580만 건을 유출하는 어마어마한 사고를 냈기 때문이다.

전 국민이 이용하고 있는 카드는 화폐를 대체하고 있기에 사고의 파급력은 엄청났다. 급기야 정보 유출 3사의 수장들은 모조리 물갈 이됐고, 이 회사들은 정보 유출을 막지 못했다는 이유로 영업 정지 3개월이라는 강력한 제재를 받고야 말았다. 정보 유출 3사 관계자 들은 이제 와서야 "회사가 그대로 망하는 줄 알았다"며 농담 섞인 안도의 한숨을 내쉰다. 하지만 정보 유출의 악령은 카드사에만 머무르지 않았다. 금융 계열사 사이에 고객정보를 공유하는 것이 가능했는데 카드 정보 유출 탓에 법이 개정돼 정보 공유가 제한되는 방식으로 불똥이 금융지주회사로 옮겨가게 된 것이다.

2014년 4월 국가인권위원회는 금융지주회사 계열사 간 고객정보 공유를 제한하는 방안을 권고했다. 나아가 고객정보의 제공과 관리를 규정하는 금융지주회사법 제48조 2항이 개정돼 같은 해 11월부터 시행 중이다. 개정 법률에 따라 금융지주사 계열사는 고객의 동의를 받지 않은 정보는 '내부 경영관리 목적'으로만 공유할 수 있다. 그다음이 더 중요하다. 법 개정으로 상품과 서비스를 소개하거나 구매를 권유하는 등의 '영업상 목적'으로는 더이상 고객정보를 공유할 수 없게 된 것이다.

여기서 우리는 금융지주회사의 역할에 대해서 다시 한 번 짚어볼 필요가 있다. 최초의 금융지주회사는 2001년 4월 탄생한 우리금융지주다. 금융지주회사는 고객의 다양한 정보를 은행, 카드, 보험, 금융투자 등 계열사에서 상호 취합해 고객의 유형, 선호, 지출 패턴을 분석한 뒤 각각의 자회사가 필요로 하는 정보로 가공해 활용하도록 하자는 취지에서 도입됐다. 불필요한 마케팅 비용을 줄이고, 적절한 타깃 고객에게 맞춤형 금융상품을 제공함으로써 수익성도 창출하려는 복안이었다. 물론 고객 입장에서도 금융회사가 수시로 관심 있어 할 만한 상품과 서비스를 제공하기 때문에 편리하다.

이제 인터넷 전문은행 설립 논의로 넘어가보자. 앞서 언급한 것처럼 인터넷 전문은행 또한 계열사(예컨대 카카오뱅크의 주주 KB국민은행과 카카오뱅크) 간, 혹은 합작사(K뱅크라면 GS리테일과 KT) 간 정보 공유가 필수적이다. 그렇지 않으면 인터넷 전문은행이 장밋빛처럼 내놓은 시너지 효과는 기대하기 어렵다. 합작사 간 정보 공유가 안 돼 이를 기반으로 한 신용등급 평가가 불가능해지면, 중금리 대출이라는 새로운 시장도 창출하기 어려워진다.

금융당국은 금융회사가 고객들에게 그들의 정보를 영업상 목적으로 계열사에 공유하겠다는 것을 사전 동의만 받으면 된다고 말한다. 금융지주회사법 제48조 2항을 재차 개정할 필요가 없다는 것이다. 하지만 이 공유 가능한 고객정보 범위에 제한이 많다는 게 학계의 의견이다. 빅데이터를 이용한 고객 분석을 위해서는 거래 원정보(Raw Data)가 필요하다. 현재는 총액, 평균 정보 등 개인 식별이 되지 않는 정보들만 활용하도록 하고 있다.

필요한 정보에 접근하려면 사전에 구체적인 목적을 명시해야 하고, 특별한 사유가 없는 한 1개월의 이용 기한이 지나면 해당 정보를 지체 없이 파기해야 한다. 권재현 자본시장연구원 연구위원은 "대용량 자료를 이용한 고객 분석을 위해서는 거래 원정보에 접근할 수 있어야 한다. 고유 식별정보가 암호화되거나 변환 제공되고 있는데, 총액이나 평균 정보만을 활용하도록 한다면 원정보가 가진 정보량이 크게 줄어들 수밖에 없다. 상당한 기간 동안 데이터를 분석해야 결과값의 활용 가치를 찾을 수 있는 것이 이 분야의 특성이다. 공유 목적을 사전에 명기하고 이용 기한을 1개월로 제한한 규정도 지나치다"고 말했다. 해외의 사례와 비교해도 한국의 계열사 간 정보 공유 제한은 지나치게 엄격한 감이 있다.

미국의 사례를 보자. 개인 신용정보와 관련한 '적격성 정보'는 고객이 거부권을 행사하지 않는 한 계열사들이 자유롭게 공유할 수 있다. 일본의 사례가 우리에게 주는 교훈은 더욱 피부로 느껴진다. 과거에는 고객 동의를 우선 취득해야 계열사 간 정보 공유가 가능(opt-in)했던 것이 2003년 개인정보보호법 개정으로 정보 주체가 거부권을 행사하는 경우에만 관련 정보를 배제하는 방식(opt-out)으로 전환됐다. 유럽은 겸업주의(universal banking)의 전통을 따라 계열사 간 정보 공유에 제한이 없다. 겸업주의는 은행이 기업 장단기 대출은 물론 유가증권의 인수주선, 경영지도 등 종합 금융서비스를 제공하는 제도다.

따라서 전문가들은 한목소리로 금융감독당국에 규제를 보완해줄 것을 주문한다. 우선 금융지주그룹 내 영업 목적의 정보 제공을 원천적으로 차단하는 현 방식에서 금융회사의 내부 통제 수준에 따라 정보 공유 제한 조치를 단계적으로 완화하는 방식으로 전환할 필요가 있다. 또 금융지주그룹 내 정보 제공에 대한 대(對)고객 통지 방식을 넓혀줘야 한다. 아울러 영업 목적의 정보 제공을 허용하기 전이라도 고객정보의 비식별화(암호화) 요건을 완화하거나 비식별화의 정의를 분명히 해야 한다고 강조한다. 무엇보다 금융지주사가 계열사가 보유한 고객정보를 활용할 수 있도록 수익의 일부를 고객에게도 나눌 수 있는 방식으로 인센티브 설계를 구상해야 한다.

정부는 2015년 12월 '금융지주 경쟁력 강화 방안'을 내놓고 계열사 간 정보 공유 규제를 일부 완화했다. 카드 정보 유출 사태로 계열사 간 정보 공유를 옥죈 지 1년이 갓 넘은 시점의 일이다. 우선 금융지주사 내 계열사 간 정보 공유 기간을 1개월로 제한하는 의무는 고객정보 관리인(정보보호 담당 임원)의 사전 승인을 받으면 면제하는 것으로 가닥을 잡았다. 카드 정보 유출 사건 이후 계열사 간 정보를 공유하려면 건별로 고객정보 관리인의 승인을 받아야 하는 등 절차가 까다로워 합산이 지연되고 우대 서비스가 제대로 제공되지 못하는 애로사항이 있었다. 법규, 국제기준 준수, 위험 관리 목적의 정보 공유도 마찬가지다. 다만 고객이 본인 정보의 계열사 간 공유 내 역을 홈페이지에서 조회할 수 있도록 하는 보완책도 마련했다.

그러나 이 역시 미완의 규제 완화다. 영업 목적의 정보 공유가 없으면 원천적으로 인터넷 전문은행의 주주 간 시너지를 내기란 어렵다. 금융위원회는 영업 목적의 고객정보 공유 허용 문제는 고객정보보호에 대한 대국민 신뢰 구축이 선행된 뒤 발전적 대안을 논의하겠다고 덧붙였다. 사실상 지주사 내 계열사 간 정보 공유 불가 방침을 밝힌 셈이다. 인터넷 전문은행이 자리 잡기 위해서는 이 문제가 반드시 해결되어야 한다.

규제 완화와 인가 매뉴얼

뱅크월렛카카오로 시작된 대한민국 핀테크 물결이 인터넷 전문은행 도입으로 이어지는 데 1년이라는 기간이 걸렸다. 금융당국은 2015년 6월 '인터넷 전문은행 도입'에 관한 보도자료를 통해 산업자본의 은행 지분 보유를 인터넷 전문은행에 한해 50퍼센트까지 허용하기로 했다고 밝혔다. 최저자본금은 시장에 알려진 규모(1,000억 원)의 절반 수준인 500억 원으로 낮추기로 했다. 진입 장벽이 대폭 낮아진 셈이다. 또한 인터넷 전문은행이 예·적금, 대출을 비롯해 신용카드 및 보험 판매 등 일반 은행과 동일한 업무를 영위할 수 있도록 했다.

은산분리는 다소 완화됐지만 대기업의 은행 사유화는 여전히 철저하게 막았다. 재벌기업의 인터넷은행업 진입은 원천 배제하되 정보통신기술(ICT) 주력 기업에는 예외적으로 진입을 허용했다. ICT 자산 비중이 높은 기업이란 기업집단 내 ICT기업 자산 합계액이

기업집단 내 비금융사 자산합계액의 절반 이상이 되는 기업을 의미한다. KT는 물론 네이버·카카오·넥슨·넷마블 등 자산 10조 원을 넘어도 인터넷 전문은행업 진출이 가능하다. 반면 삼성, SK의 경우 주력 계열사인 삼성전자와 SK하이닉스 등은 제조업으로 분류돼 인터넷 전문은행의 대주주가 될 수 없다.

같은 기업집단 내 신용공여 한도는 현행 은행법(25%)보다 20퍼센트로 강화됐다. 다만 해당 은행의 자기자본이 감소하거나 구조조정을 위해 은행 공동으로 추가 신용 공여를 하는 경우 등 일부 예외를 두기로 했다.

대주주 신용 공여와 대주주 발행주식 취득도 원칙적으로 금지된다. 대주주와의 거래 규제를 강화해 모기업이 은행을 자금조달 수단으로 활용하는 것을 예방했다. 다만 대주주와의 거래가 아니었지만, 은행의 책임이 없는 사유로 대주주와의 거래가 된 경우는 예외 사유로 규정했다.

【표】 인터넷 전문은행 예비인가 주요 평가항목 및 배점

평가항목		평가내용	'15년	'19년
① 자본금 및 자금조달방안			100	100
	자본금 규모	• 은행의 건전경영에 충분한 자본금을 보유할 예정일 것	60	40
	자금조달방안의 적정성	• 은행업 경영 및 사업계획에 소요되는 자금조달이 현실성이 있을 것	10	60
		• 추가적인 자본조달방안이 적정할 것 • 은행업 경영 및 사업계획에 소요되는 자금조달이 현실성이 있을 것	30	
		• 추가적인 자본조달방안이 적정할 것		
② 대주주 및 주주구성계획			100	100
	대주주 적격성	• 한도초과보유주주를 비롯한 주주구성계획이 은행법, 인터넷 전문은행법상 요건에 부합하는지 여부	–	–
	은행주주로서의 적합성	• 주주 구성이 은행 건전성과 금융산업 효율화에 기여할 것 • 주주 구성이 인터넷 전문은행업을 영위함에 있어 금융과 정보통신기술의 융합을 촉진하는데 유리할 것 • 한도초과보유주주가 장기간의 시야를 가지고 인터넷 전문은행업에 참여함으로써 안정적인 경영에 기여할 것	100	100
③ 사업계획(혁신성)			350	350
	사업계획의 혁신성	• 차별화된 금융기법, 새로운 핀테크 기술 도입 등으로 금융과 정보통신기술 융합을 촉진할 것 • 혁신적 금융상품 및 서비스를 금융소비자에게 제시할 것	250	250

경쟁 촉진	• 기존 은행산업, 금융산업의 경쟁도 제고가 가능할 것			
금융 발전	• 금융산업의 부가가치 제고, 금융소비자의 편익 제고 등 국내 금융산업의 발전에 기여할 것		50	70
해외 진출	• 해외 진출을 고려한 사업계획과 실천능력을 보유할 것		50	30
④ 사업계획(포용성)			140	150
사업계획의 포용성	• 서민금융 지원, 중금리대출 공급 등 더 낮은 비용이나 더 좋은 조건으로 포용적 금융상품 및 서비스를 제공하여 금융소비자 이익 향상에 기여할 것		100	120
영업내용·방법의 적정성	• 영업내용·방법이 법령, 건전한 금융거래질서에 부합하는지 여부 등		–	–
소비자보호체계의 적정성	• 소비자보호체계·조직의 구성계획이 적정할 것		40	30
⑤ 사업계획(안정성)			210	200
사업계획의 안정성	• 안정적인 경영에 필요한 적정 수익의 지속 창출이 가능할 것 • 안정적인 경영을 위해 주요주주가 자금 등을 투자할 의지가 있을 것 • 장기간에 걸쳐 안정적인 경영이 가능할 것		50	100
리스크 대응방안의 적정성	• 대주주의 사업리스크 차단방안, 의도된 사업모델이 여의치 않을 경우의 대체전략, 기타 사업모델에 따라 발생할 수 있는 리스크에 대한 대응방안이 적절할 것		40	25

수익추정의 타당성 및 실현 가능성	• 추정재무제표와 수익전망이 사업계획에 비추어 타당하고 실현 가능성이 있을 것	40	25
경영건전성 기준의 준수	• 사업계획에 따라 예상되는 건전성 비율 등이 은행법에 따른 경영지도기준을 충족하는지 여부 등	–	–
리스크관리체계의 적정성	• 리스크관리체계·조직의 구성계획이 적정할 것	40	25
경영지배구조의 적정성	• 이사회 구성계획이 금융회사 지배구조법에서 정한 이사회의 구성방법에 부합하는지 여부 • 사외이사, 감사위원회 구성 등의 지배구조가 법령에 위반되지 아니하는지 여부	–	–
내부통제· 준법감시체계의 적정성	• 이사회의 경영진의 관계, 이사회의 구성 및 운영방향, 감사위원회의 권한과 책임 등이 투명하고 적합할 것 • 임직원의 법규준수, 위험관리 및 임직원 위법행위 예방을 위한 적절한 감독 및 내부통제체계가 구축되어 있을 것 • 준법감시인의 업무상 독립성이 보장되어 있으며, 이사회 등 회의 참석 및 자료 접근권이 보장되어 있을 것	40	25
기타	• 정관이 관계법규에 부합하고, 감독기관의 감독·검사수행에 법적 장애가 없는지 여부 등	–	–
⑥ 인력·영업시설·전산체계·물적설비		100	100
인력 확보계획의 적정성	• 전문인력 확보 및 전문인력의 전문성 유지를 위한 연수제도 마련계획 등이 적정한지 여부 등	–	20

영업시설 확보계획의 적정성	• 업무공간 및 이해상충 방지를 위한 정보차단벽이 적정한지 여부 등	–	20
전산체계, 그 밖의 물적 설비 확보계획의 적정성	• 전산자료 보호를 위한 정보처리시스템의 관리방안 및 해킹·바이러스 방지 등을 위한 보안시스템이 적정할 것 등	100	60
※ 외국 금융회사(외국 금융회사의 지주회사 포함) 신청 시 은행법령을 준수하는지 여부		–	–
합계		1,000	1,000

자료: 금융위원회

인터넷 전문은행 예비인가 심사 시 주요 평가 항목 및 배점은 ① 사업계획의 혁신성(350점) ② 사업계획의 안정성(200점) ③ 사업계획의 포용성(150점) ④ 자본금 및 자금조달방안(100점) 대주주 및 주주구성계획(100점) 인력·영업시설·전산체계·물적설비(100점) 등 1000점 만점이다.

새로운 핀테크 기술 등으로 금융과 정보통신기술의 융합을 촉진 여부, 서민금융지원이나 중금리대출 공급 등이 사업계획 특성 기준에 포함됐다. 이밖에도 안정적 경영에 필요한 적정 수익의 지속 창출이 가능한지 여부, 기존 은행산업과 금융산업의 경쟁도를 높일 수 있는지, 해외 진출을 고려한 사업계획 및 실천능력 보유 여부 등도 심사 항목 대상이다.

인터넷 전문은행 사업 계획을 평가하는 평가위원회는 금융, IT(보안), 핀테크, 법률, 회계, 리스크 관리, 소비자 등 분야별 전문가 7명(위원장 포함)으로 구성됐다.

인가 매뉴얼을 살펴보면 전반적인 규제 완화가 눈에 띈다. 영업 점포가 없는 인터넷 전문은행의 특수성을 고려해, 통상 30개 이상의 점포와 300명 이상의 임직원이라는 신용카드업 인가 요건에 예외사항을 인정한 것이다. 이로써 인터넷 전문은행도 신용카드업을 영위할 수 있게 됐다.

무엇보다 중요한 비대면 실명 확인 역시 규제를 대폭 완화했다. 그동안 고객이 예금·증권 등 금융상품에 가입하기 위해 계좌를 개설하려면 반드시 오프라인 점포를 방문해야 했다. 직원에게 주민등록증 등 신분증을 제시하면 창구 직원은 실명 확인 증표상 사진과 내방 고객의 얼굴을 대조해 본인 여부를 식별했다. 하지만 2015년 12월부터는 ① 고객이 신분증을 촬영 또는 스캔한 이미지를 온라인으로 제출하면 된다. 또 ② 금융회사 직원과 영상통화를 통해 본인 확인을 하는 방법(금융기관이 육안 및 안면인식기술을 통해 본인 검증)도 이용이 가능하다. 아울러 ③ 현금카드, 보안카드 등을 고객에게 우편으로 전달할 때 전달업체 직원이 증표를 통해 실명을 확인하거나, ④ 타 금융회사에 이미 개설된 계좌로부터 소액이체를 통해 고객의 동 계좌 거래권한을 확인하는 방법을 이용할 수도 있게 됐다. 단 이

4가지 방식 중 2가지 방식을 통해 확인 절차를 거쳐야 한다. 이 밖에도 ⑤ 금융회사 자체적으로 인증기관 등 타 기관에서 신분 확인 후 발급한 공인인증서, 아이핀, 휴대전화번호를 활용하는 방식이나 ⑥ 고객이 제공하는 개인정보와 신용정보사 등이 보유한 정보를 대조하는 방법 등을 함께 이용해도 된다.

합리적인 건전성 규제의
필요성

─────

최소한의 안전장치는 필요하다

금융위원회는 은행과 동일한 업무를 할 수 있는 인터넷 전문은행에 대해 일반 은행과 원칙적으로 동일한 주요 건전성 규제 및 영업행위 규제를 적용한다는 방침이다. 다만 설립 초기라는 점을 감안해 과도한 부담으로 작용할 수 있는 사항은 일정 기간 예외로 인정하기로 했다.

예를 들어 BIS자기자본비율 산정 시 일반 은행은 '바젤3' 기준(2008년 글로벌 금융위기를 계기로 국제결제은행BIS 산하 바젤은행감독위원회가 은행의 자본확충 기준을 강화하는 등 금융기관에 대한 규제를 강화해 위기 때 손실을 흡수할 수 있도록 고안한 은행규제법. 바젤 뒤에 붙은 숫자가 높을수록 기준이 강화된다)을 적용하고 있지만, 인터넷 전문은행은 '바젤1' 기준을 적용한다. 바젤1 방식은 대출, 유가증권 등 자산 성격에 따라 위험가중치가 결정되는 데 반해 바젤3은 차주별 리스크도 고려하는 등 더욱 복잡하다.

유동성 규제 LCR(자산을 신속히 현금화할 수 있는 정도)도 영업개시연도에는 80퍼센트 이상, 이후 1개 회계연도(영업 2년차)에는 90퍼센트 이상으로 기준을 완화했다. 영업개시일로부터 2년이 경과한 날을 포함하는 회계연도(영업 3년차)부터 전면 적용한다. LCR은 긴급한 유동성 위기가 닥쳐 금융기관에 뱅크런 등의 현상이 발생해도 30일 동안 자체적으로 견딜 수 있도록 국채 등 고유동성 자산 보유 비율을 의무화한 것을 말한다.

인터넷 전문은행 설립 초기에 법규 면에서 어느 정도 정부 당국의 도움이 있겠지만 이 또한 인터넷 전문은행에서만 발생하는 사고가 없어야 가능한 전제들이다. 온라인을 위주로 거래가 이루어지다 보니 피싱, 파밍에 더 노출된다든지 해킹, 더 나아가서는 금융사기에 더욱 취약해질 가능성도 배제할 수 없다. 이런 돌발 변수가 발생할 시 당국의 규제는 옥죄어올 수밖에 없다. 이 같은 문제들은 정부와 사업 당사자, 국민 모두가 함께 풀어야 할 숙제다.

인터넷 전문은행의 건전성, 안심할 수 있을까?

2014년부터 학계와 언론에서는 장밋빛 미래를 제시하면서 인터넷 전문은행을 설립해야 한다는 주장을 쏟아냈다. 하지만 인터넷 전문은행도 고객이 외면하면 손실을 내다가 끝내 문을 닫을 수 있다. 인터넷 전문은행도 금융기관이다. 고액을 운용하는 소수의 고객이나 소액을 거래하는 다수의 고객이나, 금융기관이 도산하면 모두 재정적인 피해를 입게 된다.

인터넷 전문은행은 저축은행과 비슷한 규모의 성장을 보인다. 저축은행은 한 번 쓰러진 적이 있다. 이른바 '저축은행 사태'다. 인터넷 전문은행이 문을 닫게 되면 저축은행 사태와 같은 후폭풍이 예상된다. 저축은행 사태 때는 어떤 일을 겪었을까? 2012년 당시 민병두 민주통합당 의원이 내놓은 '저축은행 사태의 총 피해 규모'에 따르면 2011년 이후 이 사태로 인해 우리 사회가 치른 비용은 26조 6,711억 원에 달한다. 또 이 사건으로 보상받지 못한 5,000만 원 이상 예금자와 후순위채 피해자가 10만 8,999명이라고 하니 그 피해 규모를 짐작할 수 있다.

따라서 핀테크 물결에 따른 인터넷 전문은행 설립의 정당성은 주장하되 적정 수준의 규제가 필요함을 잊어서는 안 될 것이다. 금융기관의 파산으로 금융 중개 시스템이 붕괴하면 경제 시스템 전체가 마비될 수 있다. 1998년 IMF 외환위기 때만 해도 그렇다. 조·상·제·한·서(조흥, 상업, 제일, 한일, 서울은행)라는 굴지의 5대 은행이 도산할 줄 누가 알았겠는가. 국민적 고통은 이루 말할 수 없었다.

해외 인터넷 전문은행의 경우, 문을 닫은 사례도, 지속적으로 적자를 내온 사례도 발견된다. 1995년 세계 최초로 설립된 미국 인터넷 전문은행 SFNB는 고객 확보 실패에 따른 실적 악화로 8년 만에 로열 뱅크 오브 캐나다(RBC)에 인수돼 온라인뱅킹 사업부로 통합되고 말았다.

은행은 기본적으로 고객들의 예금을 수신하는 기관이다. 그래서일까? 은행을 가리켜 '금융회사'보다는 '금융기관'이라고 부른다. 다수의 예금을 운영하고 관리하는 곳인 만큼 공적 성격이 강하는 뜻이다. 2008년 글로벌 금융위기로 전 세계적 시스템에 확산하는 리스크를 경험하면서 은행, 비은행을 가리지 않은 금융업에 대한 규제 완화가 금융 스캔들의 주범으로 지목된 사실을 우리는 이미 알고 있다. 이후 ▲자산 건전성 및 자본 규제 ▲자금조달 및 운용 구조에 대한 규제 ▲업무 범위 및 대(對)고객 영업 행위 세부 사항에 대한 규제 ▲임직원 급여를 비롯한 인센티브 체계에 대한 규제 등 전반적인 규제를 강화할 필요가 있다는 인식이 확산됐다.

이 같은 추세는 현재에도 꾸준히 이어져오고 있다. 미국의 볼커 룰(Volcker Rule)이나 영국의 링펜스 룰(Ring Fence Rule)처럼 영업 범위에 대한 규제는 전보다 엄격해지고 있고, 바젤3에서 요구하는 자본 규제, 유동성 규제, 레버리지 규제 등의 규제는 금융기관을 더욱 옥죄고 있다. 볼커 룰은 2010년 미국 오바마 정부가 은행을 포함한 예금취급기관과 계열회사의 위험 투자를 제한해 금융회사의 대형화를 억제하기 위해 만든 규제다. 링펜스 룰은 소매금융업을 리스크가 큰 도매, 투자금융업과 분리하는 규제다. 영국은 지난 2019년 1월 이 제도를 도입했다.

이 와중에 인터넷 전문은행 설립을 용이하게 만들기 위한 과도한 규제 완화에 대한 우려의 목소리도 들린다. 다음은 김남훈 하나금융경영연구소 연구위원의 말이다.

"최근 핀테크 기업들의 주가가 상승하고 핀테크 기업들에 대한 관심과 투자가 늘어나는 움직임이 확대되고 있다. 매체들은 해외 핀테크 업체들의 사례를 선보이며 핀테크 혁명이 가져오는 금융시장의 변화와 함께 전통 금융업의 붕괴가 코앞에 다가온 것처럼 얘기하고 있다. 마치 2000년대 초반 인터넷 벤처가 붐을 일으키며 굴뚝 업체들의 퇴출과 e-경제로의 진입이 급격하게 확대될 것으로 얘기하던 때의 데자뷰 현상을 보는 것 같다."

INTERNET
ONLY
BANK

7장

인터넷 전문은행의 확장성:
웨어러블금융, 바이오금융

웨어러블, 금융 서비스로
정착할 수 있을까?

은행이 스마트워치 속으로 들어갔다

금융회사 최고경영자의 팔목에는 하나같이 스마트워치가 감겨져 있었다. 위성호 전 신한카드 사장은 LG전자 고위 임원이 선물한 G 워치를, 원기찬 전 삼성카드 사장도 삼성 기어를 손목에 감고 다녔다. 신한카드는 옛 LG카드를 인수한 회사고, 삼성카드는 삼성전자의 계열사이니, 한편으로는 그리 부자연스러운 모습은 아니겠지만 말이다.

웨어러블(wearable) 기기는 2012년부터 다양한 모습으로 우리 앞에 나타나고 있다. 웨어러블 기기란 주변의 정보를 수집·전달하는 센서가 있는 시계, 신발, 의류, 안경, 허리띠, 목걸이, 장갑 등의 장치를 의미한다. 이러한 기기를 통해 신체활동 관련 데이터(걸음 수, 활동 시간, 거리, 소모 칼로리, 심박 수, 수면 패턴 등)등이 수집된다. 글로벌 IT리서치그룹 가트너는 2020년 4억 5,070만대가 출하돼 690억 달러(약 78조 원) 규모의 시장을 형성한 것으로 관측했다.

이처럼 다양한 웨어러블 기기가 선보이고 있는 가운데, 웨어러블 기기를 활용한 뱅킹 서비스(웨어러블뱅킹)가 빠른 시일 내에 주요 금융 트렌드로 부상할 것이라는 관측도 나온다. 온라인뱅킹의 상시적 이용자 수가 1,000만 명에 이르는 데 12년이 걸렸고, 6년 만에 그다음 단계인 모바일뱅킹으로 옮겨갔다. PC에서 모바일, 모바일에서 웨어러블 기기로 갈아타는 데 걸리는 기간 또한 우리가 예측하는 시간보다 빠르게 도래할 것이라 예측하는 것도 무리는 아니다.

그렇다면 웨어러블뱅킹은 현재 어디까지 와 있을까? 과학기술정보통신부에 따르면 2017년 웨어러블 기기 가입자는 100만 명을 이미 넘어섰다. 시중은행들의 도입 사례도 나오고 있다. 한국에서는 NH농협은행이 2015년 1월 국내 금융권에서는 처음으로 스마트워치 기반 웨어러블뱅킹(NH워치뱅킹)을 선보였다.

NH워치뱅킹은 별도의 현금카드 없이도 스마트워치만으로 전국 NH농협은행, 농·축협 ATM에서 1일 30만 원 이내 현금 출금이 가능한 서비스다. 스마트워치에서 ATM 출금을 선택한 뒤 핀번호 4자리를 입력한 뒤 출금계좌를 선택하면 인증번호 6자리가 뜨는

데, ATM에서 승인번호를 입력하면 출금할 수 있다. 또 출금계좌의 잔액 및 거래내역을 확인할 수 있다. 인터넷뱅킹 이용 시 간편하게 앱 인증번호 확인도 가능하다. NH워치뱅킹은 2015년 10월부터 모든 운영체제, 모든 스마트워치에서 이용이 가능하다. NH농협은행은 소액 간편 이체 서비스와 NFC(근거리무선통신) 기능을 활용한 부가 서비스 등으로 금융 서비스 범위를 확대한다는 방침이다.

2015년 12월에는 신한은행이 써니뱅크 출시와 함께 스마트워치로 다양한 금융 서비스를 이용할 수 있는 써니워치를 선보였다. 써니워치를 통해 계좌조회, 거래내역 조회, 계좌이체, ATM 출금 및 2채널 인증을 승인할 수 있다. 지원되는 스마트워치는 애플워치뿐이다.

해외에서는 웨어러블뱅킹 보급이 더 빠른 속도로 진행되고 있다. 가장 활발하게 활용되는 분야는 결제다. 먼저 미국의 사례를 보자. 2014년 11월 페이팔은 스마트워치 업체 페블워치(Pebble Watch)에 지급결제 앱을 탑재했다. 자사 가맹점에서 생성한 결제코드를 인식하는 방식으로 결제가 이루어진다.

더멤버스그룹(The Members Group)은 2015년 7월 구글 글래스를 이용한 결제 서비스 시투페이(See2Pay)를 선보였다. 구매를 결정한 뒤 구글 글래스 창에 생성되는 결제 정보를 터치하면 결제가 완료된다.

스페인 사바델뱅크(Banco Sabadell)도 구글 글래스 기반 결제 서비스를 구축했다. 사바델 은행은 2013년부터 구글 글래스의 영상통화

기능을 활용해 인터넷 · 모바일뱅킹 사용법에 대한 원격 상담 서비스를 제공하고 있다.

영국 바클레이스뱅크는 손목 밴드, 장식, 스티커 등 3가지 웨어러블 기기에서 이용 가능한 비페이(bPay)를 내놓기도 했다. 비페이를 탑재한 웨어러블 기기로 자국 내 30만 가맹점에서 결제가 가능하다.

호주의 경우, 웨스트팩뱅크(Westpac Bank)는 자사 뱅킹 앱 캐시탱크(Cash Tank)의 구글 글래스 버전을 통해 뱅킹 서비스뿐만 아니라 증강현실(Augmented Reality)을 이용한 ATM 기기 및 점포 찾기, 납입 만기일 알림 서비스 등을 제공할 예정이다.

또 벤딩고애들레이드뱅크(Bendigo and Adelaide Bank)는 갤럭시 기어에서 사용할 수 있는 QR코드 기반 모바일 결제 서비스 레디(Redy)를 출시했다. 헤리티지뱅크(Heritage Bank)는 비자카드의 비자페이웨이브Visa payWave NFC(근거리무선통신) 칩을 내장한 파워수트 시제품을 소개하기도 했다.

스페인 카이사뱅크(Caixa Bank)는 카드 단말기에 접촉하면 결제가 가능한 전자팔찌를 상용화했다. 영국 바클레이스 카드는 오프라인 쇼핑용 비접촉식 결제 수단으로 팔찌를, 성탄절 쇼핑 시즌에는 장갑을 선보이기도 했다. 이는 영국 소비자들이 오프라인 쇼핑 시 선호하는 결제 수단을 조사한 결과에 따른 것이라고 한다.

이 밖에 미국 웨스트뱅크(West bank)는 애플워치용 앱을, US뱅크는 구글 글래스, 갤럭시 기어 등에서 사용할 수 있는 결제 서비스를 개발했다. 하지만 아직까지 웨어러블이 모바일을 대체했다고 볼 정도의 성과는 나고 있지 않다. 이유는 분명해 보인다. 웨어러블 보급이 여전히 만연화되지는 않고 있다. 스마트워치는 그나마 사정이 낫지만 여전히 스마트폰의 부가 상품 정도로 취급 받고 있는 것이 현실이다. 스마트폰의 옵션에서 벗어나 1인 1기기로 무르익을 때 서비스의 외연이 비로소 뱅킹까지 확장될 여지가 있다는 얘기다.

동시에 웨어러블 뱅킹을 활용할 NFC 결제 단말기의 보급률이 저조하다는 점을 들 수 있다. 웨어러블뱅킹 결제를 편하게 하려면 이를 받아줄 NFC 결제 단말기가 필수적이다. 각종 웨어러블 기기는 스마트폰보다 화면이 좁아 불편을 준다. 무엇보다 고객의 입장에서 착용, 충전, 활용하는 데 새로운 습관을 형성해야 한다는 걸림돌도 존재한다. 기술 측면에서도 배터리 용량 증대, 저전력 소모 부품 기술 등이 필요하다. 스마트 안경의 경우 이용 시 상대방의 프라이버시 침해 우려도 제기된다. 웨어러블 기기에서 수집된 정보는 생체 정보 등 민감한 개인정보를 포함하고 있어 금융회사가 이를 활용 시 정보보호에도 민감해야 한다. 산 넘어 산이다.

다만 최근 삼성, 애플 등에서 스마트폰 성장의 한계를 보이자 스마트워치를 공격적으로 마케팅하고 있어 웨어러블 뱅킹 논의가 다시금 불붙을 것으로 전망된다. 5년 전과 달리 삼성페이와 같은 인프라가 확대된 점도 웨어러블 뱅킹을 이용하는 데 물꼬를 터주기도 했다. 최근에는 삼성전자가 갤럭시워치에 한국은행의 중앙은행 디지털화폐(CBDC)를 담는다는 얘기도 공식화됐다. 또 다른 금융의 기회가 엿보이는 지점이다.

바이오금융 서비스의 부상

바이오금융 서비스는 생체인식 기술을 접목한 금융업을 뜻한다. 지문 인식, 정맥 인식, 홍체 인식 등 생체인식 기술을 CD/ATM에 적용해 본인 확인을 한 뒤 현금 인출을 할 수 있도록 하고, 나아가서는 일선 가맹점에서 지불결제에 활용하게끔 하는 것이다. 금융권에서 생소한 단어이던 바이오금융 서비스라는 단어가 최근 급부상하고 있는 이유는 무엇일까?

금융기관은 금융사기를 방지하기 위해 다양한 방식으로 보안을 강화해왔다. 초기에는 비밀번호를 설정했지만 현재의 우려대로 보안은 취약했다. 대안으로 비밀번호를 복잡하게 만들도록 했다. 고객들은 사이트마다 달리 설정한 비밀번호를 일일이 외우지 못했다. 비밀번호를 기억하기 위해 메모지에 적어놓거나 파일화해 저장하는 과정에서 보안이 뚫리기도 했다. 한 걸음 더 나아간 것이 공인인증서다. 이번에는 설치가 번거로웠다. 금융거래를 하는 시간도 길어졌다. 보안카드, OTP(일회용 비밀번호), 휴대전화 문자메시지(SMS) 인증 등도 잇따라 등장했지만 편리하지 않았다. 보안카드는 사진을 찍어 저장해놨다가 빈번하게 유출됐다. OTP는 항시 소지해야 하고, SMS는 수신된 일회성 비밀번호를 입력해야 하는 번거로움이 있다.

따라서 비밀번호 방식에 비해 보안성이 높고 외우거나 휴대하지 않고도 이용할 수 있는 생체인증 방식이 대두됐다. 이 가운데 인터넷 전문은행 도입으로 비대면 본인 인증 방법에 대한 논의가 일었다. 인터넷 전문은행의 콘셉트는 점포가 없는 은행이다. 점포를 들르지 않고 본인 확인을 할 수 있는 다양한 방법을 강구했다. 이 과정에서 생체인식이 유용한 본인 인증 수단으로 부상하기 시작한 것이다.

기술 발전도 한몫했다. 과거에는 플래그십 스마트폰에만 옵션으로 달려있던 지문 인식 기능이 이제는 저가형 스마트폰에도 붙어서 나오는 형국이다. '빠르고 간편함'을 지향하는 시대 정신이 바이오 금융 서비스의 보편성을 이끌어낸 것이다.

여전히 바이오 금융 서비스의 약점은 있다. 지문 인식에 대한 거부감은 사라졌으나 '내 신체 기술을 활용한다'는 프레임이 주는 거부감은 여전하다. 무엇보다 완벽을 요구하는 금융 거래에서 생체인증 방식이 100퍼센트에 가까운 일치를 보이지 못하는 불완전성은 치명적이다. 바이오금융 서비스가 다른 인증 수단에 곁들여지는 보조 인증 수단에 머물 수밖에 없는 것 아니냐는 지적도 이 때문에 제기된다. 바이오금융 서비스에 대한 논의가 활발하게 진행되고 있지만 본인 인증을 넘어 지불결제로까지 확대·발전하기까지는 적지 않은 시간이 걸릴 것으로 예상된다. 이 부분에 대해서는 이 장의 마지막 주제인 '바이오금융 서비스의 장애요건' 항목에서 다루도록 하겠다.

바이오금융 서비스 적용하는 금융회사

2001년 우리은행은 국내 금융권에서는 가장 먼저 바이오금융 서비스를 도입했다. 인터넷뱅킹을 할 때 지문으로 본인 확인을 할 수 있는 시스템이었다. '지문 인식 마우스'에 손을 올려놓으면, 계좌주가 은행에 미리 등록한 지문과 마우스 위의 손가락 지문이 같은지 식별한다. 잔액조회 시에는 손가락 한 개를, 계좌이체 시에는 손가락 두 개의 지문이 필요했다고 한다.

2003년에도 우리은행이 ATM에서 지문을 이용한 계좌조회, 송금이체 서비스를 선보였다. 하지만 고객 활용도가 낮아 해당 사업을 철수할 수밖에 없었다. 당시 우리은행 e비즈니스 사업부장으로 바이오금융 서비스를 총괄한 한 임원은 "바이오금융 서비스 도입을 위한 기술적인 시도는 있었지만 대중성이 없어 비즈니스 활성화가 안 됐다"고 당시를 회상했다.

현재 모든 은행은 생체인증 기술을 도입하고자 안간힘을 쓰고 있다.

신한은행은 2015년 12월 손바닥 정맥 인식 기술을 도입했다. 신한은행은 2021년 현재 ATM 109대와 키오스크 51대에 정맥 인증을 도입했다. 손바닥 정맥은 복잡하고 다양해 쌍둥이도 판별이 가능하다고 한다.

IBK기업은행은 2015년 12월 서울 을지로 본점 영업부, 수지 IT센터에 홍채 인증 ATM을 설치하고 임직원들을 대상으로 시범 운영했다. 고객이 홍채 정보를 은행에 등록한 뒤 ATM 기기에 설치된 카메라에 눈을 맞춰 본인 인증을 하고 비밀번호를 입력하면 된다. 카드, 통장 모두 필요 없다. 눈동자 속 홍채의 패턴을 인식하는 방식이기 때문에 안경, 렌즈를 써도 정확히 인증할 수 있다. 또 처리 속도가 빠르고 지문처럼 접촉할 필요가 없다는 장점도 있다. 홍채 인식은 본인 거부율이 0.0001~0.1퍼센트, 타인 수락률은 0.000083~0.0001퍼센트로 현격히 낮은 것으로 알려져 있다. 또 IBK기업은행은 영업점 방문 고객이 별도 신분증이나 카드 등을 지참하지 않아도 태블릿PC에 설치된 안면인식 기능으로 본인 여부를 확인하고 금융거래를 할 수 있도록 관련 서비스를 개발한다.

NH농협은행은 2015년 12월 사이버지점 'NH스마트금융센터'를 열면서 공인인증서를 대체할 지문 인증 서비스를 내놨다. 지문 인증은 피부의 표피 밑층인 진피에서 만들어지는 고유 패턴을 인식하는데, 진피가 손상되지 않는 한 본인 인증이 가능하다. 지문 인식이 유용한 것은 최신 스마트폰에 지문 인식 센서가 내장돼 있어 빠르게 보급할 수 있기 때문이다. 다만 과다한 노동으로 지문이 닳아 없어지거나 이물질이 묻으면 인식률이 현저히 떨어진다.

KEB하나은행은 지문 인증 서비스를 선보였다. 국내 최초로 스마트폰뱅킹에서 계좌이체까지 가능하다.

KB국민은행은 2019년 자동 현금 인출기(ATM)에서 손바닥만 대면 예금을 찾을 수 있는 서비스를 시작했다. 신분증이나 비밀번호 없이 손바닥 정맥만으로 출금할 수 있다. 정맥 패턴은 평생 변하지 않아 1회 등록 시 재등록 없이 인증이 가능하며 인종, 나이, 성별과 관계없이 인증 정확도가 높다.

우리은행은 2016년 1월 금융권 최초로 일반 고객을 대상으로 한 홍채 인증 ATM 서비스를 시작했다. 우리은행의 5개 전략 점포 중 한 곳을 방문해 홍채 정보와 이용 계좌를 등록한 뒤 서비스를 이용하면 입·출금, 조회 등 금융거래를 할 수 있다.

한편 2015년 3월부터 금융결제원과 시중은행들은 지문, 정맥 인식 등 금융권역에서 사용할 수 있는 바이오인증 기술을 한국은행 금융정보화추진협의회의 '금융 표준'으로 만들어 공유하는 작업을 위한 협의체를 꾸려 진행했다.

2019년 금융결제원이 국제표준화기구(ISO)에 제출한 바이오인증 국제표준제안은 국제표준화 대상으로 채택됐다. 금융결제원이 제시한 바이오정보 분산관리 모델은 하나의 바이오 정보를 금융회사와 제3의 보관소가 나누어 저장·관리하고, 인증 요청 시 암호화된 방식으로 정보를 결합해 인증 여부를 판단하는 시스템이다. 바이오 정보 해킹 및 유출 위험을 해소할 수 있다는 장점이 있다고 한다.

생체인증 기술이 가져올
변화와 혁신

전국 ATM에서 정맥으로 본인 인증하는 일본

일본에서는 여느 국가처럼 금융기관에서 돈을 인출하기 위한 수단으로 통장과 도장을 주로 이용해왔다. 은행카드, 비밀번호 등 개인인증번호도 사용했다. 그러나 이 같은 전통적인 수단 외에도 보안 강화 차원에서 일찌감치 생체인식 방식을 도입했다. 특히 손바닥, 손가락 등에 있는 정맥을 활용한 생체인증 방식이 각광을 받았다.*

일본 최대 시중은행인 도쿄미쓰비시UFJ뱅크는 2004년 카드 도

---

* 후지쯔는 일본 금융기관이 정맥 인증 기술을 널리 활용할 수 있게 도왔다. 대부분의 금융기관이 후지쯔의 기술을 이용한 바이오금융 서비스를 제공하고 있다.

난, 위·변조 사고 예방을 위해 손바닥 정맥으로 본인을 확인하는 시스템을 구축하기로 했다. 사용 방법은 창구에서 IC카드(마이크로 프로세서와 메모리가 내장된 카드)에 생체정보를 등록한 뒤 ATM에서 IC 카드, 손바닥 정맥 인증, 핀번호 등으로 본인 인증을 해 금융거래를 하는 식이다. 정맥 인식 방식은 기기에 손을 직접 대지 않는 비접촉 방식이어서 위생적이며, 손을 가까이 가져가기만 하면 쉽게 인증이 가능해 편리하다. 2014년 12월 기준, 일본 내 6,000대의 ATM에 정맥 인증 기술이 도입돼 있다. 전체 ATM은 9,000대, 손바닥 정맥 정보를 등록한 고객은 150만 명이다. 도쿄미쓰비시UFJ뱅크는 손바닥 정맥 인식 시스템을 설치한 이래 금융사고가 단 한 건도 발생하지 않았다고 보고한 바 있다. 지문 인식은 지문이 마모되거나 건조해 피부 상태가 변하면 인식에 오류가 생길 수 있지만, 정맥은 피부 상태에 영향을 받지 않아 안정적인 인식이 가능한 장점이 있다.

오가키쿄리쓰뱅크는 2011년 동일본 대지진 사태 당시, 고객들이 은행에서 돈을 인출하고자 했지만 통장이나 은행카드가 없어서 전전긍긍하는 상황이 벌어진 데서 착안해 바이오금융 서비스인 정맥 인증 기술을 도입하기로 했다. 오가키쿄리쓰뱅크는 2011년 4월부터 은행카드 없이 현금 인출이 가능한 서비스 설계를 검토했고, 2012년부터는 무(無)카드, 무통장 ATM 서비스를 구축했다. 2014년 기준 적용 대수는 356대, 등록 고객 수는 20만 명이다.

오가키쿄리쓰뱅크의 정맥 인증 서비스를 이용하려면 우선 은행 창구에서 본인 확인을 한 뒤 손바닥 정맥을 등록해야 한다. 최대 5개 계좌까지 가능하다. 구체적인 방법을 살펴보자. ① ATM에서 거래 방법으로 손바닥 정맥 인증을 선택한다. ② 생년월일을 입력한 뒤, ③ 손바닥 정맥을 인증한다. ④ 거래계좌를 선택한 뒤 ⑤ 핀번호를 입력하면, 현금이 인출된다. ②, ③이 손바닥 정맥 인증 절차인데, 이를 떼어놓고 보자. ATM에 본인 생년월일을 입력하면 생체 데이터베이스에서 검색 대조 대상 정보를 한정시킨다. 그다음 손바닥 정맥을 적외선으로 인식해 정보가 일치하는지 확인하는 방식이다. 인식에 소요되는 시간은 불과 1초다.

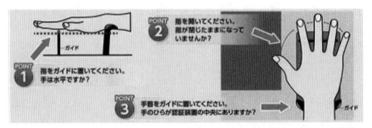

자료: 오가키쿄리쓰뱅크 홈페이지

손바닥 생체정보를 확인하는 과정이 안내되어 있다. (손바닥을 올리고, 손가락을 벌린 후 손목을 중앙에 위치)

기존 방식은 은행카드에 있는 생체정보와 손바닥 생체정보가 일

치하는지 확인해야 하기 때문에 은행카드가 반드시 필요했다. 하지만 오가키쿄리쓰뱅크의 '피핏토(ピピット)'는 카드 대신 서버에 생체 정보를 등록한 뒤, 이 정보를 검색하기 위해 생년월일을 이용하면 바로 인증된다. 이후 비밀번호를 누르고 희망 금액을 입력하면 끝이다. 이 정맥 인식에서 발생하는 오류 중 본인 거절률은 불과 0.01퍼센트, 타인 수락률은 0.00008퍼센트로 인증 정확도가 매우 높다. 사용자의 정맥을 인식하기에 사실상 위조가 불가능한 탓도 보급률을 높이는 데 기여했다.

2015년 7월 일본 카드회사 JCB는 소매상, ATM 기기에서 카드 없이 결제할 수 있도록 후지쯔의 손바닥 정맥 인증 기술을 도입했다. JCB 사옥에 있는 식당에서 수백 명의 사원들이 식음료를 결제할 때 손바닥 정맥 인증 기술을 사용하도록 해 역내 실험을 한 것이다. JCB 고객 카드 지불 정보와 손바닥 정맥 데이터는 후지쯔 데이터센터에 지속적으로 등록된다. 이용 방법은 간단하다. 손바닥 정맥 센서 위에 손을 흔들면 된다. 손바닥 인증 서버에서 해당 손바닥 정보와 일치하는 카드 정보가 읽히면 거래가 진행된다.

바이오금융 서비스의 장애요건

내 신체만큼 편리한 결제 수단은 없다. 별도로 휴대할 필요도 없고 외우고 다닐 필요도 없다. 그렇다면 왜 지금까지 바이오금융 서비스가 활성화되지 못했을까? 단말기 가격, 부정확한 인식률 등 여러 가지 장애 요건이 있었기 때문이다.

신체를 인식하는 단말기 가격은 제법 높다. 현재 얼굴 인식기의 가격만 봐도 300달러에서 비싼 것은 1,000달러 정도에 판매되고 있다고 한다. 손동작 인식기는 79.99달러 정도다. 아무리 돈을 쌓아두고 있는 금융기관이라고 할지라도 전국에 이 같은 기기들을 보급하는 것은 부담스러울 수밖에 없다.

무엇보다 바이오금융 서비스는 부정 인식률이 높다는 취약점이 있다. 2013년 7월 핀란드 스타트업 유니클(Uniqul)은 얼굴로 사용자 정보를 확인하고 결제까지 할 수 있는 안면 인식 결제 서비스를 선보인 바 있다. 이는 얼굴 인식 기술의 초창기 버전이다. 얼굴 인지 기술을 분석한 결과, 성공률은 96.8퍼센트, 부정인식률은 0.01퍼센트에 달했다. 언뜻 보면 성공률이 높은 것처럼 보일 수 있다. 그러나 부정 인식률이 유의미할 정도의 수치를 기록한다는 것은 생체인식 기기가 나를 다른 사람으로 오인할 가능성이 있다는 말이다. 범죄자가 1만 번에 한 번꼴로 내 돈을 털어갈 수 있다고 생각해보자. 바이오금융 서비스를 믿고 사용할 수 있을까? 차라리 비밀번호를 택하는 것이 마음 편할지도 모른다.

【표】 생체인증별 정확성 비교

구분		본인거부율(%)	타인수락률(%)
지문		01.~0.5	0.001~0.01
홍채		0.0001~0.1	0.000083~0.0001
정맥	손바닥	0.01~0.1	0.00008~0.0001
	손가락	0.01~0.3	0.0001~0.001
얼굴		1~2.6	1~1.3

자료: 금융결제원

금융결제원에 따르면 홍채 인식 기술의 본인 거부율은 0.0001~0.1퍼센트, 타인 수락률은 0.000083~0.0001퍼센트다. 손바닥의 경우, 본인 거부율은 0.01~0.1퍼센트, 타인 수락률은 0.00008~0.0001퍼센트, 손가락 정맥의 경우 본인 거부율은 0.01~0.3퍼센트, 타인 수락률은 0.0001~0.001퍼센트로 낮은 편이다. 하지만 가장 활발히 이용될 것으로 점쳐지는 지문의 경우 본인 거부율은 0.1~0.5퍼센트, 타인 수락률은 0.001~0.1퍼센트로 홍채, 손바닥, 손가락 정맥에 비해 월등히 높다. 아직까지는 미완(未完)인바이오금융 서비스. 하지만 지문 인식 기술이 탑재된 스마트폰의 보급, 인터넷 전문은행 출범에 따른 비대면 인증 거래 방식의 수요 등으로 바이오금융 서비스는 피해갈 수 없는 물결임은 분명하다.

이처럼 바이오금융 서비스를 피할 수 없다면 서둘러 안착시킬 수 있는 방법을 고안해야 한다. 크게 두 가지 방법을 고민해야 될 듯하다.

우선 생체정보 기반 기기들을 제작하는 사업자들이 보안을 강화할 수 있도록 관계 법령을 정비해야 한다. 한국의 정보통신망법 시행령 제15조는 생체정보의 암호화를 규정하고 있다. 신용정보감독규정 제20조는 생체정보를 일방향 암호화 하도록 하고 있어 상대적으로 안전하다. 하지만 모바일 기기, 웨어러블 기기를 사용하기 위한 본인 인증에 관해서는 정보통신망법, 신용정보감독규정 등에 관련 규정이 없어 보안이 취약하다. 특히 손해배상제도를 확실히 정비할 필요가 있다.

현재 전자금융거래법 제9조에 따르면 생체정보를 비롯한 본인 인증 수단의 위·변조로 소비자가 피해를 입으면 소비자가 직접 위·변조의 구체적인 상황을 입증해야 한다. 하지만 미국은 한국과 달리 고객이 승인하지 않은 온라인 송금에 대해서도 금융기관이 배상토록 했다. 또 소비자가 비밀번호 같은 본인 인증 수단을 분실해도 분실을 인지한 날로부터 2일 이내에 신고하면 본인 부담액이 50달러밖에 되지 않는다.

장애인들에 대한 보호 이슈도 있다. 홍채, 지문이 없거나 손이 없는 장애인들은 생체인증이 불가능하다. 금융기관이 온라인 거래 시 특정 생체정보를 요구할 경우 장애인 또는 해당 생체정보가 없는 사람들은 금융 서비스를 이용하지 못하게 되는 경우가 발생할 수 있다.

보안기술 발달로 성숙하는 생체인증 시장

글로벌 시장조사기관 마켓스앤마켓스(MnM)에 따르면, 글로벌 생체인식 시장은 2020년 366억 달러(41조 원)에서 연평균 13.4퍼센트 성장하여 2025년 686억 달러(76조 9천억 원)에 달할 것으로 전망된다. 한국의 생체인식 시장도 2013년 이후 매년 8퍼센트씩 고성장하고 있는 추세다. 생체인식 시장이 빠르게 늘어나고 있는 이유는 무엇일까?

그동안 생체인증 확산의 걸림돌로 지적됐던 기술 장벽이 점차 무너지고 있다. 특히 신체정보를 안전하게 지킬 수 있는 보안기술이 빠르게 진화하고 있다. 기술 개발로 과거에 '사업자 서버'였던 생체정보 저장 위치가 현재는 '개인 스마트 기기'가 됐다. 고객 입장에서는 사업자 서버가 해킹당해 고객들의 신체정보가 몽땅 유출되는 공포에서만큼은 해방된 것이다.

대표적인 예가 바로 아이폰이다. 애플은 2013년 선보인 아이폰 5S부터 '터치 ID'라는 지문 인식 센서를 달았다. 터치 ID는 지문 스캔 정보를 애플 서버에 저장하지 않고 아이폰 내에 위치한 보안 구역에 저장한 다. 터치 ID에 접촉한 지문 정보와 아이폰에 저장된 지문 정보가 일치하면 '토큰(token)'이라는 1회성 비밀번호를 생성해 서비스 사업자에게 전송하는 식이다.

생체정보를 있는 그대로 기기에 저장하지 않고 생체정보의 특징을 암호화(지문 템플릿)해 저장하는 방법도 개발됐다. 예를 들어 스페인 핀테크 스타트업 페이터치는 지문 정보를 서비스 사업자 서버에 보관하되, 두 손가락의 지문을 조합한 정보를 저장한다. 서버가 해킹당해도 조합된 정보로 두 손가락 지문을 유추하는 것을 불가능하게 한 셈이다.

최근에는 하나의 생체정보만이 아니라 지문, 홍채, 음성, 얼굴 등 다수의 생체정보를 동시에 이용해 정확도를 높이는 다중 생체인증(Multimodal Biometrics)에 대한 연구가 활발하다. 마이크로스프트의 윈도10의 생체인증 기능인 '윈도 헬로(Window Hello)'가 대표적인 예다. 윈도 헬로는 비밀번호 대신 지문, 홍채 또는 얼굴 등으로 로그인할 수 있다.

얼굴 인식의 경우, 일반 카메라로 촬영된 얼굴의 형상과 온도를 측정할 수 있는 적외선 카메라로 촬영된 얼굴의 열상을 함께 조합해 인증한다. 얼굴 형상만 인식하면 사용자의 사진을 이용한 해킹이 가능하지만 열상을 함께 인식해 이를 예방할 수 있게 된 것이다.

8장

인터넷 전문은행 활성화의 핵심: 보안

인터넷 전문은행의 천적, 보안

"내 돈이 사라지면 어쩌지?"

2014년 'IT 공룡' 카카오가 뱅카, 카카오페이 등 핀테크 서비스를 출시하자 금융시장은 요동치기 시작했다. IT 공룡의 핀테크 서비스 론칭은 은행 진출 선언과 마찬가지로 여겨졌기 때문이다. 그 IT 공룡은 실제로 2015년 하반기에 인터넷 전문은행 분야로 진출하게 됐다. 미국 페이팔, 중국 알리페이 등 간편결제 서비스 회사들이 글로벌 시장을 향해 자사의 서비스를 확대해나간다는 이야기가 주목받기 시작한 것도 그즈음이었다. 더 빠르고 간편하게 금융 서비스를 이용할 수 있도록 핀테크 기술을 도입하자는 내용의 '금융개혁'을 외치는 지금은 이해가 안 될 수도 있으나 뱅카는 출시까지 우여곡절이 많았다.

은행권은 2014년 5월 뱅카 출시를 앞두고 베타서비스를 진행 중이었다. 필자는 당시 한 은행의 스마트금융 담당 직원을 통해 베타서비스로 구동되는 뱅카를 경험하기도 했다. 직접 체험해보니 뱅카가 은행산업의 송금 관행을 뿌리째 바꿔놓을 혁신이라는 생각이 들었다. 당연히 기대감이 컸다. 이 은행의 스마트금융 담당 임원은 "6월에는 뱅카가 출시될 수 있을 것"이라고 호언장담했다. 필자는 언제 나올지 목이 빠져라 기다렸다. 하지만 다음 달도, 그다음 달에도 뱅카는 출시되지 못했다. 베타서비스가 정식 서비스로 바뀌게 된 것은 필자가 뱅카를 처음 접한 날로부터 반년이 지난 2014년 11월이었다. 뱅카 출시는 왜 이렇게 늦춰졌을까?

문제는 바로 보안에 대한 우려에 있었다. 뱅카 출시가 시장에 알려지자 세간의 관심은 출시 자체보다는 "카카오톡으로 돈을 보냈다가 돈이 사라지거나 해킹을 당하면 어쩌나" 하는 우려로 향했다. 기대가 우려로 변하는 것은 눈 깜짝할 사이였다. 심지어는 뱅카가 '삥(학생들 사이에서 돈을 갈취하는 행위)'을 뜯을 수 있는 수단으로 자리매김할 수 있다는 지적까지 나왔다. 뱅카 출시를 주도한 금융결제원은 "보안에 대해 상세하게 얘기하면 해커의 표적이 될 수 있다"면서도 "다만 세간의 이목이 집중된 만큼 보안 문제에 이중, 삼중으로 신경을 쓰고 있다"며 세간의 지적을 반박하기에 이르렀다. 그럼에도 불구하고 뱅카와 같은 새로운 기술이 보안에 취약할 것이라는 우려의 목소리는 수그러들 기미를 보이지 않았다.

보안성 심의를 담당하고 있는 금융감독원에서도 세간의 관심을 의식해 은행권과 금융결제원에 검토, 재검토를 지시하기에 이르렀다. 이렇듯 금융산업에 새로운 기술이 접목될 때, 보안 문제는 뜨거운 감자가 된다. 다량의 핀테크 기술을 탑재할 인터넷 전문은행도 보안 이슈에서 피해갈 수 없다. 현재 케이뱅크, 카카오뱅크 인터넷 전문은행 두 곳이 영업 중이다. 그리고 올해 또 하나의 인터넷 전문은행 토스뱅크가 문을 연다. 뱅카의 사례는 인터넷 전문은행이 금융산업 전면에 나서 혁신적인 기술을 소개하기 전에는 보안 이슈에 대해 만반의 준비를 하고 나서야 한다는 교훈을 준다.

보안과 편리, 모두 잡을 수 있을까?

국내 A카드사는 2015년 상반기 의미 있는 조사를 실시했다. 한 조사기관에 의뢰해 2014년 12월부터 카드사별로 선보이고 있는 핀테크 기술인 '원클릭 간편결제 서비스'의 선호도를 측정했다. 블라인드테스트 결과 다행스럽게도 설문자들은 다양한 원클릭 간편결제 중 A카드사의 것을 가장 편리하게 느꼈다고 한다. 이 카드사는 경쟁 카드사들 중에서도 온라인 쇼핑몰에서 회원 ID, 비밀번호 로그인만 하면 추가 인증 절차, 금액 제한 없이 마우스 클릭만으로 결제가 가능한 서비스를 가장 먼저 출시했기에 설문 결과의 의미는 남달랐다.

더 흥미로운 사실은 따로 있었다. 고객들은 원클릭 간편결제의 편리성에 엄지손가락을 치켜세웠지만, 보안이 취약할 것 같다며 실사용은 꺼려진다고 언급했던 것이다. 고객 입장에서 "결제를 해볼까"하는 순간에 이미 결제가 이루어져 보안에 문제가 있는 것은 아닌지 우려스러운 반응을 보였던 것이다. 간편결제와 같은 핀테크 신기술을 대중화하기 위해서는 보안에 대한 우려를 불식시켜야만 한다는 것을 단적으로 보여주는 사례다.

핀테크의 총체인 인터넷 전문은행도 마찬가지다. 실제 설문조사에서도 모바일 금융 서비스의 도입에서 가장 문제시되는 부분은 보안이라는 결과가 나온다. 한국은행 '2019년 지급수단 및 모바일금융서비스 이용행태 조사결과'에 따르면 인터넷 전문은행의 모바일 뱅킹서비스를 이용하지 않는 이유로는 '신뢰 부족'(32.8%)을 가장 많이 꼽았다. 이어 '오프라인 지점의 부재'(17.3%), '타 서비스로의 대체가능'(16.2%) 순으로 응답했다.

인터넷 전문은행은 대부분의 거래가 비대면으로 진행되므로 결점 없는 보안 시스템을 만들어내는 것이 필수적인 과제다. 또 새로운 ICT 기술과 금융서비스를 결합하거나 핀테크 업체와 전략적 제휴를 맺는 과정에서 보안 리스크가 터져나올 구멍이 많다. 기존 은행에 비해 리스크가 한 차원 더 커진 셈이다.

금융위원회가 인터넷 전문은행 예비인가 시 심사 요건으로 '전산자료 보호를 위한 정보처리 시스템의 관리 방안 및 해킹·바이러스 방지 등을 위한 보안 시스템이 적정한지 여부'에 대한 배점을 1,000점 만점에 100점으로 할당한 것도 이 때문이다. 사정이 이렇자 일부 전문가들은 금융당국이 핀테크 산업 활성화라는 명목으로 최근 규제들을 대거 완화하는 데 대해 우려의 목소리를 내기도 한다.

금융당국은 2014년 5월 공인인증서 사용 의무화를 폐지했고, 7월 PG사 카드 정보 저장 허용 등 전자상거래 결제 간편화 방안을 추진했다. 이듬해 1월 보안성 심의 제도 폐지 등 IT·금융융합 지원방안을 내놓았으며, 4월에는 실물카드 없는 모바일카드 단독 발급을 허용했다. 5월에는 계좌 개설 시 비대면 실명 확인 방식을 허용했고, 6월에는 인터넷 전문은행 도입 방안을 내놓기에 이르렀다.

현재 국회에 발의된 전자금융거래법(전금법) 개정안도 핀테크와 디지털 금융 혁신을 위한 법안이다. 전금법 개정안은 현행 7개로 세분화돼있는 전자금융업 업종 구분을 자금이체업(송금), 대금결제업(결제), 결제대행업(대행) 3개로 통합·개편하고, 지급지시전달업(마이페이먼트)·종합지급결제사업자 제도를 도입하는 내용을 골자로 한

다. 개정안에서는 자금이체업, 대금결제업, 결제대행업, 지급지시전
달업 등 최소자본금 요건을 완화에 더 많은 핀테크 업체들의 진입
문턱을 낮추기도 했다.

전문가들은 보안 우려를 불식시키기 위해서라도 과거처럼 개인
방화벽, 키보드 보안, 백신 등 이른바 '보안 3종 세트'에 머물러서는
안 된다고 지적한다. 인터넷상 거래 비밀을 보장하면서 동시에 당
사자들의 신분을 확인시켜주는 보안기술인 공개키 기반구조(PKI),
자필 서명 인식 등 다양한 수단을 활용해 보안을 강화하는 노력이
필요하다는 것이다. 이상거래탐지시스템(FDS)과 같은 모니터링 시
스템을 강화하고 보안기술은 국제적 표준을 준수해야 한다는 주장
도 제기된다. 또 개인방화벽, 키보드 보안, 백신 등 전자금융거래에
서 사용돼온 보안 소프트웨어를 중장기적으로 HTML5(홈페이지 등
을 만들기 위한 언어)와 같은 비설치형으로 전환하는 것을 검토해야 한
다. 무엇보다도 "보안은 투자"라는 비즈니스적인 관점에서 접근해
야 한다. 한국에서는 휴대전화 본인 인증, 카드 본인 인증 등 제3자
대행 본인 인증 시스템도 발달돼 있다. 인터넷 전문은행은 이런 시
스템을 이용해서 본인 인증의 효율을 높여야 한다.

위험을 차단하기 위한
노력들

보안 컬래버레이션도 중요하다

KB국민은행은 2015년 4월 삼성전자와 손잡고 KB국민은행 스마트폰뱅킹 KB스타뱅킹에 삼성전자 녹스(KNOX)*를 결합해 금융·보안 서비스 수준을 높였다. 녹스 앱을 다운로드 받은 뒤 구동시키면 스마트폰의 화면이 '보안 영역'으로 전환된다. 스마트폰이 보안 영역으로 전환되면 피싱, 파밍을 유도하는 스팸 문자메시지의 링크(인터넷 주소)를 잘못 클릭한다 해도 해커가 해킹프로그램을 설치하기가

---

* 삼성 녹스는 삼성전자가 직접 개발한 보안 솔루션이다. 공장에서 기기를 제조할 때 보안 키를 심는 것부터 시작해서 운영체제, 개별 애플리케이션까지 단계별로 기기를 보호해준다. 삼성 녹스는 미국, 영국, 핀란드, 중국 등 26개 정부의 보안 기준을 만족시켜 인증을 받았는데, 특히 미국에서는 일반 이용 부문뿐만 아니라 기밀 정보 취급 부문에서도 인증을 받았다.

어렵다. 궁극적으로 피싱, 파밍으로 인한 개인정보 유출을 방지할 수 있다.

KB국민은행이 삼성 녹스를 도입할 당시에는 사양이 갤럭시 S5 기종 이상인 삼성 스마트폰에서만 녹스 앱을 이용할 수 있었다. 하지만 KB국민은행이 갤럭시 S4 사용자들까지 이용할 수 있도록 서비스 활용 범위를 넓혀달라고 삼성전자에 요청했다. 당시 KB국민은행 고객의 상당수가 갤럭시 S4를 이용하고 있었기 때문이다. 갤럭시 S5 사용자에 더해 갤럭시 S4 사용자까지 녹스 앱을 이용하면 약 200만 명의 고객이 삼성의 보안 프로그램을 설치하게 될 것이었다. 삼성전자는 이를 흔쾌히 받아들였다.

KB국민은행의 이 같은 사례는 보안 컬래버레이션의 중요성을 다시금 일깨운다. 금융사기는 날이 갈수록 진화한다. 금융기관 혼자만의 노력으로는 감당하기 어려운 지경까지 이르렀다. 앞으로는 삼성과 같은 대기업뿐만 아니라 보안 부문에서 강점을 갖고 있는 강소 기업들과 제휴를 맺어야 할 것이다.

KB국민은행은 2015년 3월 보안 핀테크 업체 에이티솔루션즈와 손잡고 스마트 OTP 서비스를 업계 최초로 선보이기도 했다. 스마트 OTP 서비스는 이체, 송금 등 금융거래 시 스마트 OTP를 스마트폰에 접촉함으로써 본인 인증 문제를 처리하는 서비스다. 스마트 OTP에서 생성되는 일회용 비밀번호를 입력할 번거로움이 없어지는 것이다.

KEB하나은행은 2015년 11월 영국 보안업체 트러스토닉(Trustonic), SK텔레콤과 손잡고 모바일 보안 시스템 구축에 합의했다. '트러스트 존(Trust Zone)'을 이용해 매체가 없는 '1Q T-OTP)'를 선보였다. 기존 OTP는 신용카드나 USB저장장치 같은 형태로 항상 소지해야 한다. 1Q T-OTP는 스마트폰 트러스트존에 저장해 사용하는 방식으로 별도로 가지고 다녀야 하는 불편함이 없다. 스마트폰만 있으면 손쉽게 계좌이체 등 서비스를 이용한다.

트러스트 존은 스마트폰 중앙처리장치인 AP칩 안에 있는 별도 보안 강화 영역이다. 기존 운영체제와 별도로 운영돼 금융거래를 할 때 해커의 공격이나 악성 앱의 접근을 차단할 수 있다고 한다.

사전 보안에서 사후 보안으로

국제결제은행 바젤은행감독위원회는 전자금융거래 시 획일적인 방법으로 대응하는 것은 적절하지 못하다는 금융보안의 기본 원칙을 세우고 있다.* 금융기관의 규모 혹은 특징에 따라 찾아올 위기가

* 바젤협약 본문 가운데 "인터넷뱅킹의 위기관리 원리Risk Management Principles for Electronic Banking"는 다음과 같이 설명하고 있다. "'One size fits all' approach to e-banking risk management issues may not be appropriate."

다르고 대응 방법도 다를 수밖에 없기 때문이다.

인터넷 전문은행은 시중은행과는 규모와 영업 형태가 다를 것으로 예상된다. 바젤위원회의 협약 원칙처럼 시중은행과 다른 보안 모델을 구상해야 인터넷 전문은행의 가치인 효율성과 편리성을 추구할 수 있을 것이다. 현재 국내 시중은행이 가진 보안 시스템의 특징과 해외 사례를 비교해보면 인터넷 전문은행이 취해야 할 보안 수준이 어느 정도인지 짐작할 수 있을 것이다.

현재 한국 시중은행의 금융보안 시스템은 사전 단계(클라이언트 단계) 보안에 집중돼 있다. 금융거래를 하는 사용자를 엄격하게 확인하고 거래 인증을 불편하게 함으로써 금융보안을 지키는 방식이어서 고객들의 불편함을 수반한다는 특징이 있다. 예를 들어 이용자가 온라인 금융거래를 하려면 주민등록번호를 입력하고 공인인증서를 다운로드 받고 키보드 보안 프로그램과 방화벽을 설치해야 한다. 반면 외국 시중은행은 사후 단계(서버 단계) 보안에 집중하고 있다. ID, 비밀번호만으로 금융거래를 하되 부정한 사용의 징후를 탐색하고 문제점을 잡아내는 형식을 취하고 있다는 것이다.

현 시점에서 한국 금융 소비자들이 원하는 서비스는 사전 단계의 보안이 아니라 사후 단계의 보안일 것이다. 여러 프로그램을 다운로드 받는 번거로운 금융 서비스에 싫증이 날 만큼 나 있는 것이다. 인터넷 전문은행은 이 부분을 파고 들어가야 한다.

예를 들어 인터넷 전문은행은 설립 시점부터 필수적으로 설치해야 하는 소프트웨어의 경우, 사용자에게 이용 선택권을 부여해야 한다. 해외에서는 한국처럼 공인인증서를 이용하기 위해서 강제로 플러그인을 다운받고 액티브X를 설치해야 하는 번거로움이 없다. 웹표준기술(HTML5)*을 활용하면 이 같은 문제를 해결할 수 있을 것으로 보인다. 상대적으로 약해진 보안은 추가 인증, 이상거래탐지 시스템을 통해 보완할 수 있다.

보안 중심 사회에서 편리 지향 사회로

주요국 카드 부정 사용률 현황을 보자. 한국은 미국, 영국 등 선진국에 비해 현저히 낮다. 한국의 카드 부정 사용률은 건수 기준으로 0.001퍼센트, 금액 기준으로 0.007퍼센트에 불과하다. 영국(0.024%, 0.061%)과 미국(0.036%, 0.083%)에 비해 매우 낮은 수치다. 왜 이 같은 결과가 나올까? 역설적이지만 공인인증서, 액티브X라 는 보안 프로그램 설치가 일정 부분 작용한 것으로 보인다. 한국 사용자들은 각

---

* 한국의 웹사이트 대부분이 웹 표준을 따르지 않고 마이크로소프트의 인터넷 익스플로러에서만 작동되도록 하는 비표준 기술을 이용하고 있다. 파이어폭스, 크롬 등에서 금융거래를 이용할 수 없는 것도 이 때문이다. PC에서 금융거래 시 강제적으로 마이크로소프트 서비스를 이용해야 하는 나라는 한국밖에 없다.

기 다른 온라인 상거래업체를 방문할 때마다 두 가지 번거로운 설치 프로그램을 다운로드 받는 '불편함'을 겪는다. 그리고 이 불편함이 '보안 강화'에 도움이 됐다. 반면 미국 같은 선진국은 금융결제 서비스를 편리하게 접근하는 데 주안점을 뒀다. 비밀번호 입력만으로 결제가 가능한 페이팔 같은 간편결제 서비스도 이 같은 정부 정책의 기조하에 성장할 수 있었다. 이용의 편리함이 부정 사용률을 높였다는 얘기다. 한국 금융산업이 핀테크라는 빗장을 연 순간부터 우리는 보안 중심 사회에서 편리 지향 사회로 옮겨가고 있다.

인터넷 전문은행 및 관계사 인터뷰

인터넷 전문은행 및 관계사 인터뷰

윤호영 카카오뱅크 대표

Q: 카카오뱅크의 끊임없는 성장을 가능하게 하는 엔진은?

A: 크게 세 가지다. 첫째는 테크 & 컬쳐, 두 번째는 카카오 에코시스템, 마지막으로 안정적인 성장성과 수익성이다.

카카오뱅크는 기술을 비용으로 바라보는 기존 금융회사와는 근본적인 차이가 있다. 우리는 기술을 핵심역량으로 바라보며, 수년간 애자일 프로세스와 인하우스 개발 문화를 만들어왔다. 전체 직원의 기술 관련 인력의 비중이 45퍼센트이고 다수가 카카오나 네이버 같은 빅테크 기업 출신이다. 다른 경쟁사들은 이러한 개발 문화와 펀더멘털 자체가 다르기 때문에, 카카오뱅크의 기술중심 핵심역량을 따라잡기는 어렵다.

카카오뱅크는 시중은행과 다른 상품 개발 프로세스와 협업 문화를 갖고 있다. 상품 개발 단계에서부터 개발자가 참여하고, 오픈 커뮤니케이션을 통해 현업이 아닌 다른 직원들도 의견을 내면서 서비스 콘셉트를 만들어간다. 기존 금융회사가 현업이 요건을 정의하고 요건대로 외주개발사가 개발을 하는 것과는 다르다.

그 차이점이 앱의 완결성과 상품의 차별성을 만들어낸다. 오픈한 지 5일 만에 100만 명의 고객이 계좌를 오픈한 것이 그 증거다. 기술력과 문화의 차이로, 1등 월간 활성 이용자수(MAU)의 앱이 되었고, 앱 자체의 트래픽이나 추가적인 대규모 마케팅 없이 새로운 상품을 마케팅할 수 있다. 이는 오프라인을 포함한 다양한 채널을 통해 상품을 판매하는 기존 금융회사들과의 가장 큰 차이점이다.

두 번째로 카카오의 에코시스템이다. 카카오 에코시스템은 다양한 라이프스타일 영역에서 1위 플랫폼을 보유하고 있고, 카카오브레인, 카카오엔터프라이즈와 같은 회사를 통해 국내 최고 수준의 IT 기술력을 보유하고 있다. 카카오뱅크는 이러한 독보적인 카카오 에코시스템 내에서 금융섹터를 담당하고 있다.

우리는 아직 카카오 생태계와 시너지를 내는 초기 단계이고, 향후 고객 기반 확보, 빅데이터, 비즈니스 모델 등의 분야에서 카카오 에코시스템과 함께 더 큰 시너지를 창출할 준비를 하고 있다. 이런 시너지는 계단식 성장을 위한 원천이 될 것이다.

마지막으로, 경쟁사들과는 비교하기 어려운 수준의 높은 성장세를 확보하고 있다. 사업개시 이후 4년 동안 연평균 64퍼센트의 여수신 성장을 기록했으며, 이자 및 비이자 영업수익 모두 연평균 127퍼센트로 증가했다. 또한, 출범 1.5년 만에 흑자전환에 성공하며 지속적으로 이익률이 증가하고 있다. 카카오뱅크는 전 세계적으로 가장 빠르게 흑자 전환한 핀테크 기업 중 하나이자, 수익을 창출하는 극소수 기업 중 하나다.

Q: 카뱅이 금융플랫폼 비즈니스를 위해 어떤 계획이 있나?

A: 카카오뱅크는 뱅킹과 플랫폼, 2개의 사업 부문으로 구성되어 있다. 뱅킹 사업의 안정성과 플랫폼 사업의 성장성을 겸비한 상호보완적인 사업구조를 갖고 있다. 은행업 라이선스를 바탕으로 고객이 좋아할 만한 상품과 편리성을 직접 만들어서 고객을 확보한다. 그렇게 카카오뱅크만의 서비스가 좋아서 모인 고객들이 늘어나면, 그 고객들이 찾는 다른 금융상품을 카카오뱅크가 직접 만들지 않고, 시장에 존재하는 상품을 편리하고 고객에게 연결한다. 이 연결이 바로 플랫폼 비즈니스다.

금융 플랫폼 또한, 다른 플랫폼들처럼 승자가 모든 비즈니스를 독식하는, 'Winner Takes All'의 형태로 가고 있다고 생각한다. 우리는 계속해서 파트너사를 늘릴 것이고, 플랫폼 상품/비즈니스 영역을 확대할 것이다. 뱅킹커머스와 광고 같은 새로운 시도도 빠르게 모색하고 있다. 플랫폼 비즈가 초기 단계를 넘어서고 다음 레벨로 가고 있는 중간 단계다.

플랫폼 발전을 위해서 ▲증권 연계 계좌, 신용카드 대행 기존 사업자를 확대(플레이어 확장) ▲뱅크 라이센스를 통해 웰스매니지먼트, 보험, 외환, 펀드 등 금융영역 확장(콘텐츠 확장) ▲26주 적금 등 뱅킹커머스, 고객 혜택 광고 등 3가지 방향으로 플랫폼 사업을 키우려고 한다.

이 밖에도, 마이데이터 사업, 해외진출, B2B 솔루션 판매 등 향후 다양한 영역에서의 성장 모멘텀을 찾고, 카카오뱅크만의 방식으로 실행하며, 끊임없이 성장해 나가고자 한다.

Q: 기업공개(IPO) 이후 글로벌시장 진출에 대한 계획은?

A: 과거 특정 나라에서 조인트벤처 형식으로 모바일뱅크 설립 제안을 받았다. 당시에는 자본의 한계와 국내 비즈니스 몰입 등으로 적극 응대하기 어려웠다. IPO 이후에는 그런 기회를 적극 검토하려고 한다. 카뱅이 모바일뱅크로 인프라 등 대용량 서비스를 만든 기술이 있어서 그 바탕으로 회사를 설립하거나 성공 경험을 같이 해보자는 니즈가 있다. 인수합병(M&A)의 경우 지분 투자와 스몰 기업

에 대한 조인트 벤처도 고려하고 있다.

정규돈 카카오뱅크 최고기술경영자(CTO)

Q: 카뱅 기술전략은 '모던 아키텍처'라고 했다. 어떤 방향인가?

A: 아키텍처는 시스템 운영을 위한 최적의 구조다. 전통적으로 금융권 아키텍처는 모노리식(monolithic) 구조다. 고성능으로 집적된 단일 시스템을 통해 서비스를 구성하는 방식이다. 비즈니스 로직들이 긴밀하게 연결되어 있고, 일정 규모까지는 효율적이고 안정적인 시스템 운영이 가능하다.

그러나 이용자가 많아지면 원하는 만큼의 성능을 유지하고 비즈니스 요구에 기민하게 대응하기 어려워지는 단점이 있다. 일부 장애도 전체 장애로 이어지는 등 안정성도 떨어진다. 이런 이유로 아마존, 카카오 등 정보통신기술(ICT) 기업들은 내부 시스템을 잘게 나누는 분산 아키텍처를 사용한다. 카카오뱅크는 초기부터 어느 정도 분산된 구조로 시작했다. 그러나 2000만 이용자를 바라보는 시점이 되니 한계가 보이고 있다. 다음 단계 도약을 위해 모던 아키텍처로의 전환을 추진 중이다. 계정계도 전환 대상으로 삼고 있다. 기존 은행권 표현으로 하면 차세대 시스템 구축과 마찬가지다. 모던 아키텍처로 전 국민의 은행이 되더라도 속도감 있는 서비스 제공과 안정적인 금융서비스를 할 수 있는 구조로 이행 중이다.

Q: 2021년 1월 금융기술연구소가 출범했다. 연구소는 카뱅에서 어떤 역할을 하는가?

A: 주로 AI, 보안, 비대면 기술, 블록체인 등 신기술 분야를 연구한다. 향후 양자컴퓨팅 분야까지 연구를 계획 중이다. 연구소는 산학 협력, 핀테크 업체들과 협력을 통한 기술연구와 실증사업을 수행한다.

은행은 규제 환경상 기술개발 및 연구, 그중에서도 협업이 어렵다. 규제는 전체 산업에 영향을 미치는 것이라, 신중하게 접근해야 한다. 혁신을 가로막는 장벽이 되기도 한다. 연구소는 금융위원회로부터 혁신금융서비스 지정을 받은 바 있다. 연구소를 통해 연구 활동이 빨라지고 외부 협업도 원활해질 것이다. 카카오의 AI 기술 연구 자회사 '카카오브레인'과 협업도 가능하다. 연구소의 성과가 은행 서비스의 혁신으로 이루어질 수 있는 선순환 구조를 짰다는 의미가 있다.

Q: 카카오뱅크의 클라우드 활용 방식은?

A: 카뱅은 클라우드를 적극 활용하려는 계획을 가지고 있다. 일

시적으로 트래픽이 몰리는 이벤트 처리, 그리고 빅데이터와 머신러닝 관련 시스템에 우선 적용한다. 클라우드 적합성을 따져 신규 서비스는 처음부터 클라우드로 가는 것을 적극 검토하고 있다. 방향성은 하이브리드로 가고 있다.

홍민택 토스뱅크 대표

Q:토스 앱을 통해 토스뱅크 서비스를 제공하는 '원앱' 전략을 선택한 배경과 기대 효과는?

A:원앱 전략의 가장 큰 장점은 토스 사용자를 토스뱅크 사용자로 유입할 수 있다는 것이다. 토스 전체 가입자 중 60퍼센트가량을 차지하는 2030세대를 잠재적인 고객으로 삼을 수 있다. 제1금융권이 요구하는 충분한 신용 이력이 없더라도, 토스뱅크에서는 고객이 될 수 있다. 사회초년생이나, 취업준비생도 토스뱅크에서는 고객이다. 이들에게 큰 메리트로 토스뱅크는 다가갈 수 있다고 자신한다.

Q:앞선 케이뱅크, 카카오뱅크 등 두 인터넷 전문은행과 비교해 토스뱅크 차별화 전략은 무엇인가?

A:우리는 결국 우리의 길을 걷겠다는 것이 핵심이다. 토스뱅크

입장에서는 둘 다 선생님인 셈이다. 다만 앞선 인터넷 전문은행이 중·저신용자를 포용하는 고민은 충분치 않았다. 우리는 그런 고민에서 출발했다. 두번째 은행 서비스는 상품으로 정형화 돼 있는데, 결국 중요한 건 '고객에게 가장 좋은 서비스'다. 토스뱅크는 상품이 아닌 서비스 관점에서 접근하려 한다.

Q:서비스 안정성과 보안성을 지키기 위해 어떤 대책이 있는지.

A:계좌조회는 물론 송금, 카드조회 등 다양한 트래픽을 토스가 겪어오면서 운영한 것은 큰 경험이다. 대용량 트래픽을 관리한 역량이 있다는 것도 토스뱅크 입장에서는 시중 은행 대비 큰 메리트다. 물론 서비스의 안정성과 보안성 측면에서 우려가 있다는 것도 충분히 인지하고 있다. 독립적인 서버 운영으로 안정성을 보장했다. 토스 앱에 장애가 있어도 뱅크 서비스는 그대로 이용이 가능한 독립구조를 유지한다. 토스가 자랑하는 보안 서비스는 그대로 가져오면서도 은행이라는 특수성에 맞게 일회용 비밀번호(OTP) 등 송금에서 강화된 보안체계를 더했다.

이승건 비바리퍼블리카 대표

Q: 토스뱅크의 비전은?

A: 토스뱅크는 소규모 특화은행이다. 금융 소외계층에 서비스를 제공하는 챌린저 뱅크를 사업모델로 삼았다. 전통 금융권에서 소외되어 온 중신용 개인 고객 및 소상공인(SOHO) 고객에 집중하고자 한다. 토스뱅크는 기존 금융권이 충분히 만족시키지 못하고 있는 고객들에게 기존에 불가능했던 상품과 서비스를 제공하는 포용과 혁신의 은행이 되고자 한다.

Q: 토스뱅크는 배달의민족, 직방, 카페24 등 다양한 플랫폼의 데이터 활용해 씬파일러를 위한 새로운 CSS(신용평가) 모델을 만들겠다고 했다. 전략이 어떻게 되나?

A: 실제로 시중에서 굉장히 많은 중금리 대출 등을 비롯한 새로운 신용평가 모델을 만들려는 시도가 있었던 것은 사실이다. 사실 한계가 있는 방식이다. 지금 대한민국의 통계를 보면 국민 한 명당 평균 5.4개의 은행 계좌를 갖고 있다. 카드도 3.2개씩 보유하고 있다. 어떤 한 금융기관에서 소비자의 전체적 금융 맥락 파악하는 데는 한계가 있다. 예를 들어 주거래 은행인 경우 월급 내역은 알 수 있지만 세컨 통장 통해 어떤 소비 내역을 기록하는지 등 전체적 그

림을 볼 수 있는 곳은 없고 인터넷은행도 마찬가지다. 토스는 그런 부분을 해결할 수 있는 데이터 파워가 있다. 토스는 하나의 금융기관에서 시작한 게 아니기 때문에 소비자의 모든 계좌와 카드를 등록해서 1년간 거래 내역을 확인해 사용하고 있다. 금융에는 정답이 없다. 금융의 관점에서 삶이 파편화돼 있다 보니 소비자에게 적합한 금융의 양식을 제공하는 게 중요하다.

김민표 토스페이먼츠 대표

Q: 토스페이먼츠가 2020년 8월 출범했다. 그간 어떤 변화를 일으켰는지?

A: 온라인 쇼핑몰에서 물건을 살 때 결제창이 뜬다. 소비자는 카드 종류와 할부 기간 등을 선택해 결제한다. 소비자에겐 잘 안 보이지만 이 과정에 PG사가 있다. 신용카드사와 계약을 맺기 어려운 온라인 가맹점을 대신해 카드사와 가맹점 계약을 맺고 결제 · 지불을 맡는 게 PG사 역할이다.

토스페이먼츠는 기존 PG사업에 새로운 변화를 일으켰다. 우선 결제 정산 주기 단축을 이뤄냈다. 신규 중소 가맹점 결제 정산 주기는 업계 평균 7영업일이다. 이를 2영업일 수준으로 대폭 줄였다. 가맹점주들이 빠르게 자금회전을 할 수 있도록 했다.

간편결제 솔루션을 연동하는 작업 기간은 2~3주에서 하루 만에 가능하도록 혁신했다. 직관적이고 간소화된 연동 기술을 통해 가맹점 결제 연동에 소요되는 시간을 대폭 단축한 것이다. 개발 리소스를 줄이는 결제 API를 설계해 24시간 내 초급 개발자들도 쉽고 빠르게 연동할 수 있도록 했다. 기존 수십 페이지 연동 매뉴얼에서 벗어나 온라인 웹페이지를 만들어서 개발 가이드를 제공하는 방식이다. 가맹점에서의 시간을 절약하는 게 곧 성공이다.

이 외에도 신규 소규모 창업자에 대해 PG 가입비 무료 정책, 가맹점 보증보험 무료 가입, 정교한 매출 분석 등 기존 PG와 차별화된 가맹점 서비스를 도입했다.

타다, 우버, 배달의 민족, 에어비앤비 등이 성장하면서 가맹점이 돈을 정산받는 데 그치지 않고 공유경제 참여자에 대한 정산 작업도 필요하다. 브랜드에 대한 사용자 만족도를 높일 수 있는 간편한 결제 환경 구축을 최우선으로 두고 있다.

Q: 기존 PG사들의 단점을 보완한 가맹점 전용 결제솔루션 '커넥트페이'를 선보였는데?

A: 기존 일반 PG사들에 아쉬운 점이 두 가지가 있다. 첫째는 결제 경험이 가맹점을 구분하지 않고 표준화돼 있어서 결제 단계에서 가맹점만의 고유한 경험 제공이 불가능하다는 것이다. 두 번째는

결제 수단 등록이 어렵다는 점이다. 낮은 결제전환율 때문에 매출 기회를 상실하는 단점이 있다. 결제전환율은 가맹점 웹사이트를 방문한 전체 유저 중에 최종 결제 단계까지 완료하는 비율을 뜻한다.

토스페이먼츠는 자체 페이를 희망하는 가맹점에 커넥트페이를 제공해 물리적으로 바로 결제가 되도록 했다. 커넥트페이는 고객이 신용카드 번호를 한 번만 입력하면 재결제시 간편하게 결제가 가능하다.

커넥트페이 장점은 높은 결제전환율이다. 커넥트페이를 통해 결제단계에서 끊어졌던 과거 경험을 극복하고 새로운 사용자 경험을 제공해 충성 고객을 늘리고 있다. 커넥트페이를 도입한 가맹점의 경우, 도입 이전 대비 사용자 1인당 월 결제횟수가 47퍼센트 증가한 것으로 나타났다. 도입 이전 대비 사용자 결제 반복(리텐션)도 2.8배 증가했다.

Q: 토스페이먼츠와 코어, 뱅크, 증권, 보험 등 토스 계열사들 간 협업도 기대된다.

A: 토스페이먼츠는 토스 코어, 뱅크, 증권, 보험 등 다양한 커뮤니티를 가진 것이 강점이다. 토스페이먼츠가 계열사들과 만들 수 있는 시너지는 명확하다. 가장 빠른 협업은 토스뱅크부터 시작될 것이다. 언젠가는 토스페이먼츠와 토스뱅크가 결합한 대출상품, 수신상품도 나올 수 있다. 보험도 마찬가지다. 기업형 보험에 대한 고민이

있다. 토스페이먼츠 고객사들과 연계한 보험 상품도 나올 수 있다.

이문환 전 케이뱅크 행장

Q: 케이뱅크의 차별화 전략은?

A: 카카오뱅크와 케이뱅크는 다르다고 생각한다. 케이뱅크는 나름대로의 성공 공식을 찾아야 하는 상황인데, 주주사들의 플랫폼을 활용하자는 게 첫 번째 전략이다. 자금을 쏟아부어서 하는 마케팅은 한계가 있다고 생각한다. 케이뱅크만의 방식으로 접근할 것이다. 다른 인터넷은행뿐만 아니라 네이버, 카카오 등 빅테크 기업들도 금융업에 뛰어들고 있다. 은행들이 가장 중요하게 보는 분야는 대출이라고 생각하는데, 대출 시장에서 인터넷은행들의 점유율은 2퍼센트에 불과하다. 인터넷은행들끼리 경쟁하기보다는 전체 점유율을 키우기 위해 노력해야 할 시기다.

Q: 신용평가모형을 고도화하겠다고 했는데, 방법은?

A: 우선 KT의 통신 데이터는 연결돼 있는 상황이다. 이를 더욱 정교화하는 작업을 하고 있다. 추가적으로 BC카드 가맹점 정보를 신용평가모델에 흡수하려고 한다. 가맹점은 소상공인이 많아 이들

에 대한 평가모델을 정교화할 수 있을 것으로 본다.

Q: 인터넷은행들은 보안에 대해 취약하다는 약점이 있다. 케이뱅크의 보안은 어떤지?

A: 가장 큰 문제는 신분증을 찍어 보내는 과정에 있다고 생각한다. 고객들이 신분증을 위조한다든지, 부정 가입 발생 가능성이 높았다. 기존 고객 정보 해킹 등의 문제는 시중은행만큼의 보안 수준을 가지고 있어 문제가 없다. 계속해서 보완장치를 만들어야 한다고 생각한다.

'메기가 아니라 상어'로 자란 인터넷 전문은행

카카오뱅크를 향해 주식 시장이 보여준 기대

2021년 8월 6일. 인터넷 전문은행 카카오뱅크는 상장 첫날 시가 총액 33조 원을 기록하며 성공적인 기업공개(IPO)를 마무리한다. 문을 연 지 1,472일 된 인터넷 전문은행이 세기를 넘나든 역사를 가진 전통 시중은행들의 기업가치를 훌쩍 뛰어넘게 된 것. 오프라인 점포 한 곳 없는 모바일 온니 뱅크는 전국 수십, 수백 개의 오프라인 점포를 거느린 은행들을 가볍게 제치고 명실상부 '국내 최고 은행'으로 자리매김하고 말았다.

(한국은행의 《2020년말 전국 금융기관 점포 현황》에 따르면 일반은행(시중은행,

지방은행 등), 특수은행(기업은행, 농협은행 등)을 포함한 전국 예금은행의 점포수는 무려 6,454개다. 이마저 10년 전(7623개) 대비 15% 줄은 숫자다.)

혁신자의 거침없는 행보는 전 세계에서도 유례없는 일이다. 글로벌 금융전문지 〈더 뱅커〉도 '2021년 전 세계 1000대 은행'에 처음으로 카카오뱅크를 464위로 랭크하며, 샤오미가 후원하는 XW 뱅크 등과 함께 한국의 인터넷 전문은행을 '온라인 혁신자(Online challengers)'라는 이름을 붙였다. 기업가치를 반영한 공모가가 매출과 영업이익에 비해 고평가됐다는 지적도 있었으나 주식 시장에서 보여준 전 뜨거운 반응은 이 같은 논란을 일시에 불식시켜버렸다.

시중은행과 반대의 행보, 고객들은 팬이 됐다

인터넷 전문은행과 시중은행의 경쟁은 사실 다윗과 골리앗의 싸움이었다. 인터넷 전문은행이 문을 열었던 2017년을 되돌아보면 기성 은행의 대표주자로 손꼽히는 KB금융그룹, 신한지주, 하나금융지주, 우리금융지주 등 4대 금융그룹의 시총은 무려 78조 원에 달했다. 당시는 인터넷 전문은행이 개념으로만 존재하던 시절이었으므로 과장을 다소 섞자면 0대 78조 원의 싸움이었다.

그런데 지난 4년의 시간 동안 골리앗은 무슨 이유에서인지 힘을

잃었다. 2021년 8월 현재 4대 금융그룹의 시총은 62조 원으로 기존 대비 21퍼센트가량 쪼그라든 것이다. 다시 말해 시장에게, 투자자들에게 이렇다 할 가치를 입증하지 못한 것이다. 아니, 좀 더 직설적으로 말하면 가치를 잃어버렸다고 표현하는 것이 더 적합한듯하다. 말 그대로 잃어버린 4년이었다.

한편으로 금융 소비자들은 지난 1,472일 동안 이런 기성은행들과 인터넷 전문은행 간 명확한 비교 체험을 하게 됐다. 시중은행 점포의 끝도 없는 대기 시간, 그렇게 기다리고 마주한 은행원의 친절해서 더 화가 나는(?) 한 마디. "손님, 수익률 좋은 펀드에 가입하실 생각은 없으신가요?" 등. 은행들의 횡포 아닌 횡포에 지친 이용자들은 더이상 오프라인 매장을 찾지 않았다. 그렇다고 느려터지고, 각종 기능을 넣어 무겁고, (은행장 혹은 디지털 담당 임원이 바뀔 때마다) 줏대 없이 개편되는 온라인뱅킹 앱을 찾지도 않았다. 온라인으로 신청하면 오프라인으로 서류를 들고 쫓아와 대출을 내주는 하드웨어적 방식으로는 무늬만 온라인인 은행에 지나지 않았던 것이다.

반면 카카오뱅크는 정확히 시중은행이 방기한 일들, 안 하는 일들만 골라 했던 것 같다. 지점 방문 없이 5분여 만에 계좌 개설을 가능하게 했고, 공인인증서 없이 비밀번호만으로 송금과 조회를 가능하게 했다. 과감하게 수수료를 면제해줬고, 26주 적금, 모임 통장과 같은 특색 있는 특색 있는 상품을 내놓기도 했으며, 신용 대출도 60

초면 가능하게 했다. 카카오 고유의 캐릭터를 카드에 입혀 다른 은행들이 갖지 못했던 은행의 정체성을 확보하기에 이르렀다.

고객들은 그제 서야 금융을 '불편한 것'에서 '편리한 것'이라 인식하기 시작했다. 금융을 비로소 서비스라 여기기 시작한 것이다. 카카오뱅크는 고객들이 원하던 페인 포인트를 어루만져 주면서, 드디어 팬으로 만들었다.

사회적 가치는 후순위로 둔 절반의 성공

물론 아쉬운 점도 존재한다. 2015년 6월, 정부가 인터넷 전문은행 설립을 추진하면서 내건 '한국형 핀테크 활성화'라는 대의 아래에는 금융산업의 메기(혁신 유발자) 역할 만큼이나 중요한 명분이 있었다. 저(低) 신용자를 대상으로 한 중금리 신용대출 활성화였다. 정보통신기술(ICT)이 가진 빅데이터와 고도화한 신용평가시스템(CSS)을 결합하면 그동안 외면받았던 서민 금융의 공백을 메울 수 있다는 것이다. 신용평가회사가 제공하는 획일적인 기준에 의거한 평준화된 CSS, 그것을 중심으로 대출을 내주던 기성은행과 차별화되는 지점이었다.

금융당국이 20여 년 만에 은행 신규 인가를 내주면서 대기업, 나아가서는 기성 금융회사가 아닌 사실상 ICT 기업만 설립할 수 있도록 진입장벽을 쳐 준 점도 이들 기업들이 빅데이터를 능숙하게 다룰 수 있다고 믿었기 때문이라고 해도 과언은 아니다. 실제 카카오뱅크 설립 주체인 카카오나 케이뱅크의 주체인 KT도 설립 인가를 낼 당시 자신들이 보유한 빅데이터 규모가 방대하다는 사실을 경쟁적으로 내세우며 중금리 대출을 할 수 있다는 자신감을 보였다.

하지만 카카오뱅크를 비롯한 인터넷 전문은행들은 정작 영업을 시작하자 이 같은 사회적 가치 제공은 후순위에 두고 말았다. 카카오뱅크 대출금의 84.2퍼센트(2020년 6월 기준)가 고신용자인 1~2등급에 치중돼있음은 이를 반증한다. 호기롭게 주장했던 것 치고는 부끄러운 성적이다. 인터넷 전문은행들이 기존의 약속을 이행하지 않자 급기야 정부 당국이 나서게 됐다. 2023년까지 인터넷 전문은행에 신용대출 30퍼센트 한도 내에서 중금리 대출을 제공하라 권고한 것이다. 점포도 없애고, 공인인증서도 없애며 혁신에 나섰지만 빅데이터 기반 중금리 대출은 우선순위에서 미룬다는 점은 납득하기 어려운 게 현실이다. 핀테크 기업을 자인했지만 IT 기술의 부족을 자인한 꼴이기도 하다.

인터넷 전문은행들은 "출범한 지 4년 밖에 안 된 기업에 너무 많은 요구"라며 볼멘소리를 할지 모르겠다. 하지만 이미 실행됐거나, 계획된 기업 공개로 사회적 책무가 커진 상황이다. 앞으로도 이전처럼 법이나 규정 등에 있어서 전적으로 특혜를 적용받거나 예외 대상이 되기란 쉽지 않아 보이는 게 사실이다.

전 세계 최고 은행을 향해

그럼에도 불구하고 금융산업에서 인터넷 전문은행이 촉발하는 혁신의 바람은 당분간은 지속될 것으로 전망된다. 1호로 설립 인가를 받은 케이뱅크는 올해 2분기(4~6월)에 사상 첫 흑자를 달성했다. 2023년까지 상장을 목표로 하고 있다. 시장에서는 케이뱅크의 기업 가치를 10조 원 안팎으로 판단하고 있다. 인터넷 전문은행 3호 토스뱅크는 10월 출범을 앞두고 있다. 어찌 보면 금융 혁신은 이제부터가 진짜 시작이다. 시중은행의 하향세는 더 가팔라질지 모른다.

마냥 꽃길만 걸을 수 있는 상황은 아니다. 인터넷 전문은행이 태동하던 2015~2017년의 금융산업 시대정신은 규제에 가로막힌 핀테크 업체들의 목소리를 반영하라는 것이었다. 하지만 지금의 분위기는 180도 달라졌다. 핀테크 업체들의 모기업인 플랫폼 기업들의 기업가치가 사상 최대치를 연일 갱신하면서 과거와 같은 약자 프레임은 더이상 성립하지 않게 됐다. 더군다나 카카오뱅크 상장 성공으로 더이상 스타트업이라는 포지셔닝은 불가능해졌다. 벌써부터 은행권을 중심으로 '메기가 아니라 상어', '포식자'라는 볼멘소리들이 터져 나오고 있다.

답은 늘 그렇듯 고객에 있다. 인터넷 전문은행은 그동안 시중은행들이 제공하지 못한 가치를 제공함으로써 소비자들의 선택을 받았다. 앞서 언급한 것처럼 서민 금융을 제공함으로써 그 외연을 확대함으로써 더 큰 가치를 창출할 수 있을 것이다. 나아가 모바일에 익숙하지 않은 디지털 소외 계층도 끌어안는 모습을 보였으면 한다. 한편으로는 고객들과 더 가깝게 커뮤니케이션했으면 좋겠다. 고객들이 마주하는 건 인공지능 챗봇이거나 눈에 보이지 않는 상담원과의 채팅(내지는 전화)뿐이므로. 기대가 너무 크다고 생각할지 모르겠다. 하지만 인터넷 전문은행은 출범 이래 늘 기대 이상을 충족시켜주지 않았나. 향후 개정판을 출간할 쯤에는 국내 인터넷 전문은행들의 1000대 은행, 온라인 혁신자에서 더 나아가 전 세계 최고 은행으로 발전해있기를 기대해본다.

보고서

- NICE알앤씨, 〈금융소비자리포트 48호: 자산관리 상담/서비스 이용 행태〉, NICE 알앤씨
- Peter Chu, 〈인터넷금융발전촉진지침 은행업 수혜 예상〉, 유안타증권
- 강민주, 〈해외 서비스의 등장으로 가열되는 중국 e-Pay 시장 경쟁〉, 글로벌윈도우
- 강민형, 〈산업 융합 시대, 금융업의 새로운 기회〉, 우리금융경영연구소
- 강서진, 〈KB 지식 비타민: 웨어러블 기기의 진화와 미래 금융서비스〉, KB금융지주 경영연구소
- 강서진, 〈해외송금 핀테크 기업의 성장과 시사점〉, KB금융지주 경영연구소
- 강서진, 〈KB 지식 비타민: 글로벌 금융회사의 핀테크 도입과 골드만삭스 사례〉, KB금융지주 경영연구소
- 권재현, 〈금융지주회사 정보공유 규제의 개선 방향〉, 자본시장연구원
- 고은지, 〈스타트업·벤처 시장에서 헬스케어가 부상하고 있다〉, LG경제연구원
- 구경회 외 2명, 〈인터넷전문은행, 4년이면 판가름난다〉, 현대증권
- 금융보안연구원, 〈핀테크 현황과 전망, 주요이슈〉, 금융보안연구원
- 금융보안연구원 보안연구부 핀테크보안팀, 〈영국 핀테크 시장 및 주요 정책추진 현황〉, 금융보안원
- 김남훈, 〈핀테크 물결과 닷컴버블의 유령〉, 하나금융경영연구소
- 김동우, 〈KB 지식 비타민: 영국의 테크시티(Tech City)와 핀테크〉, KB금융지주경영연구소
- 김동희, 〈NAVER 속도보단 방향〉, 메리츠종금증권

- 김문태, 〈디지털 금융 관련 10대 이슈〉, 하나금융경영연구소
- 김병연 외 3명, 〈모멘텀 플레이가 또 없을까 핀테크!〉, NH투자증권
- 김성수, 〈은행의 중심채널로 부상한 모바일〉, 하나금융경영연구소
- 김수연, 〈빅데이터 산업 활성화를 위한 개인정보 보호규제 개선 검토〉, 한국경제연구원
- 김영도, 〈금융권의 빅데이터(big-data) 활용과 대응방향〉, 한국금융연구원
- 김영환, 〈핀테크(FinTech) 비즈니스의 서막(3)〉, LIG투자증권
- 김예구, 〈오픈 이노베이션과 금융업의 적용 사례〉, KB금융경영연구소
- 김우진, 〈국내 은행산업의 수익성 추이와 과제〉, 한국금융연구원
- 김재우 외 1명, 〈인터넷 전문은행 도입에 따른 국내 금융의 미래〉, 삼성증권
- 김재우 외 1명, 〈인터넷전문은행-진생상황 점검〉, 삼성증권
- 김재우 외 1명, 〈인터넷전문은행 예비인가-성공 가능성 및 관건 점검〉, 삼성증권
- 김종대 외 1명, 〈웨어러블 시장 커질수록 생체인증 뜬다〉, LG경제연구원
- 김종현, 〈인터넷전문은행의 성공조건〉, 우리금융경영연구소
- 김종현, 〈국내외 핀테크 산업의 주요 이슈 및 시사점〉, 디지에코
- 김진화, 〈비트코인과 블록체인(분산장부 기술)이 바꿀 인터넷의 미래〉, SW지식채널
- 김창권 외 1명, 〈NAVER 최근 급락에 대한 변(辯)〉, KDB대우증권
- 김태우, 〈알리페이의 주요 현황 및 사업모델 분석〉, 여신금융연구소
- 김홍년, 〈유럽의 대표적인 인터넷전문은행 'HELLO BANK'의 현황과 특징, The Banker
- 나성호, 〈빅데이터 분석 활용을 위한 선결과제〉, 하나금융경영연구소
- 노상규, 〈핀테크와 금융기관의 역할〉, 하나금융경영연구소
- 노철우, 〈우리나라의 금융감독체계 및 중앙은행제도 개편방안에 관한 연구-글로벌 금융위기 이후 영국의 금융개혁 내용 및 우리나라에의 시사점을 중심으로〉, 하나금융경영연구소
- 박민우, 〈O2O 옴니채널과 커머스를 위한 핀테크 서비스 전략 방안〉, 디지에코
- 박정국, 〈정보보안 관점에서 핀테크 서비스에 대한 이해와 대응〉, 금융결제원
- 박종선 외 2명, 〈보안에서 본 핀테크, 결제에서 본 핀테크〉, 유진투자증권
- 박진형 외 4명, 〈은행과 인터넷 애널이 함께 본 핀테크〉, IBK투자증권

- 서병호, 〈한국형 인터넷전문은행 도입방안〉, 한국금융연구원
- 서보익 외 2명, 〈금융에서 본 핀테크, IT에서 본 핀테크〉, 유진투자증권
- 서영미, 〈日 인터넷전문은행의 계열증권사와의 시너지 제고 사례〉, 금융투자협회
- 서정호, 〈금융지주회사 시너지 제고를 위한 정보공유체계 개선방안〉, 한국금융연구원
- 성종화, 〈간편결제 맛보기 I: 간편결제 vs 일반 신용카드 결제〉, E*TRADE
- 성종화, 〈간편결제 맛보기 II: 간편결제 '카카오페이'에 대하여〉, E*TRADE
- 성종화, 〈간편결제 맛보기 III: 카카오페이 VS 네이버페이(가칭)〉, E*TRADE
- 성종화, 〈신세계, 롯데 간편결제 진출 시 주요 핀테크주 영향은?〉, E*TRADE
- 성종화 외 1명, 〈한국 인터넷전문은행, Zero Sum? or Plus-Sum?)〉, 이베스트투자증권
- 손위창, 〈로보 어드바이저, WM 서비스 대중화에 도전장〉, 현대증권
- 송치훈, 〈디지털 뱅킹을 통한 혁신을 추구하는 BBVA〉, 우리금융경영연구소
- 신경철 외 1명, 〈인터넷전문은행 도입에 따른 성공전략과 해결과제〉, 삼정KPMG 경제연구원
- 신승현, 〈인터넷전문은행-주요이슈 및 전망: 진화는 현재 진행형〉, 옐로금융그룹
- 심윤보, 〈금융산업을 변화시킬 핀테크2.0〉, 하나금융경영연구소
- 오린아, 〈알리바바를 아십니까?〉, E*TRADE
- 와이엇, 〈삼성페이(Samsung Pay)의 성공 가능성 및 모바일 결제에 미치는 영향〉, 디지에고
- 유선실, 〈미국 모바일 결제서비스 이용 현황과 사업자 동향〉, 정보통신정책연구원
- 유승창 외 4명, 〈Fintech 10문 10답〉, KB투자증권
- 유안타증권, 〈The Greater China Daily〉, 유안타증권
- 윤종문, 〈핀테크의 가치창출 요건 및 시사점〉, 여신금융연구소
- 윤종문, 〈지불결제기술의 발전과 대중화 요건〉, 여신금융연구소
- 윤종문, 〈간편결제서비스의 토큰화 기술 활용〉, 여신금융연구소
- 이기송, 〈KB 지식 비타민: 핀테크 비즈니스 접목사례 및 최근 동향〉, KB금융지주경영연구소
- 이기송, 〈KB 지식 비타민: 스마트 금융 앱 서비스 현황과 전망〉, KB금융지주경영연구소

- 이민화 외 7명, 〈IT를 통한 금융혁명, 핀테크〉, 창조경제연구회
- 이성복, 〈미국 인터넷전문은행의 진입·퇴출 특징 분석〉, 자본시장연구원
- 이수진, 〈글로벌 100대 은행 경영성과의 비교 및 시사점〉, 금융연구원
- 이수진, 〈독일 Fidor Bank 사례로 살펴본 인터넷전문은행의 지향점〉, 금융연구원
- 이정 외 1명, 〈2015년 웨어러블 디바이스 경쟁의 원년〉, 유진투자증권
- 한국은행, 〈2020년 지급결제보고서〉, 한국은행
- 이창영, 〈핀테크도 플랫폼이 중요하다〉, 유안타증권
- 이효찬 외 4명, 〈간편결제서비스 확대에 따른 환경변화 요인 점검〉, 여신금융연구소
- 이효찬, 〈스웨덴 지급결제시장 현황 및 방문기관 소개〉, 여신금융연구소
- 이휘정, 〈디지털시대 은행 콜센터의 기능 재정립〉, 하나금융경영연구소
- 임준 외 2명, 〈보험산업의 빅데이터 활용 현황 및 향후 과제〉, 보험연구원
- 전상욱, 〈금융업 혁신과 금융규제 개혁〉, 우리금융경영연구소
- 전용식 외 1명, 〈국내 인터넷 전문은행 설립 논의와 정책적 제언〉, 보험연구원
- 정채중, 〈스페인 지불결제 시스템과 핀테크 산업 현황〉, 여신금융연구소
- 정하늘, 〈달려가는 중국의 핀테크: 인터넷전문은행〉, 이베스트
- 장진성, 〈국내 핀테크 논의에 대한 소고 I: '핀테크 후진국론'에 대한 균형적 시각의 모색〉, 금융결제원
- 장효선, 〈핀테크 시대의 중국 금융사 대응 전략 – 아프니까 청춘이다!〉, 삼성증권
- 정보보안본부 보안기술연구팀, 〈미국, 일본 인터넷전문은행 서비스 및 보안기능 비교분석〉, 금융보안연구원
- 정훈, 〈신용카드와 스마트폰 융합, 삼성페이의 혁신과 전망〉, KB금융지주경영연구소
- 조현아, 〈3대 핀테크 시장의 주요 트렌드 및 시사점〉, 금융결제원
- 조현목, 〈핀테크란 무엇인가〉 신한금융투자
- 최규선, 〈주요국 핀테크 현황 및 시사점〉, 금융결제원
- 최원근, 〈웨어러블 뱅킹의 부상 및 시사점〉, 하나금융경영연구소
- 최진석, 〈인터넷전문은행 약(藥)인가, 독(毒)인가?〉, NH투자증권
- 천대중, 〈해외 인터넷전문은행 동향 및 시사점〉, 우리금융경영연구소
- 천대중, 〈일본 인터넷전문은행 제도 및 현황〉, 우리금융경영연구소

- 하나금융경영연구소, 〈모바일뱅킹 애용 고객의 특성〉, 하나금융경영연구소
- 하나금융경영연구소, 〈해외 은행들의 핀테크 지원 프로그램 운영〉, 하나금융경영연구소
- 하나금융경영연구소, 〈Drive-thru 뱅킹에 모바일 서비스를 접목〉, 하나금융경영연구소
- 하나금융경영연구소, 〈덴마크, 현금없는 사회로 진전〉, 하나금융경영연구소
- 하나금융경영연구소, 〈中 인터넷전문은행, 제한된 금융서비스로 출범〉, 하나금융경영연구소
- 황병선, 〈플랫폼 관점에서 본 핀테크〉, 한화투자증권
- 황석규 외 2명, 〈핀테크, 변화의 서막인가? 찻잔 속의 태풍인가?〉, 교보증권
- 황성진 외 2명, 〈Fintech 해외사례를 통해본 규제완화, 발전방향, 수혜주〉, HMC투자증권
- 황혜정, 〈오프라인 유통 아마존의 정글 벗어나고 있다〉, LG비즈니스 인사이트

단행본

- 김지혜, 〈로보 파이낸스가 만드는 미래 금융 지도〉, 한스미디어
- 마틴 메이어, 〈뱅커스〉, 이현옥 옮김, 지식노마드
- 브렛 킹, 〈Bank 3.0〉, 윤철희 옮김, 브이미디어
- 신무경, 〈네이버는 어떻게 일하는가〉, 미래의창
- 임팩트 편집부, 〈생체인식 기술, 시장동향과 참여업체 사업전략〉, 임팩트
- 크리스 스키너, 〈디지털뱅크 은행의 종말을 고하다〉, 안재균 옮김, 미래의창

인터넷 전문은행

초판 1쇄 발행 · 2021년 9월 30일

지은이 · 신무경
펴낸이 · 김동하

펴낸곳 · 책들의정원
출판신고 · 2015년 1월 14일 제2016-000120호
주소 · (03955) 서울시 마포구 방울내로9안길 32, 2층(망원동)
문의 · (070) 7853-8600
팩스 · (02) 6020-8601
이메일 · books-garden1@naver.com
포스트 · post.naver.com/books-garden1

ISBN · 979-11-6416-093-8 (03320)